D1394303

COLLECTION
L'IMAGINAIRE

Paul Morand
de l'Académie française

Venises

Gallimard

© *Éditions Gallimard, 1971.*

Paul Morand est né en 1888 à Paris, rue Marbeuf, sur l'emplacement du célèbre Bal Mabille. Les Sciences politiques et Oxford le conduisent au concours des Ambassades. Il est reçu premier. Sa carrière diplomatique est allée de pair avec une carrière littéraire très féconde : plus de cinquante ouvrages. Paul Morand, qui excelle dans la nouvelle, a été un des premiers chantres de la vie moderne, du cosmopolitisme, des voitures de course, du jazz, des voyages. Il a été élu à l'Académie française en 1968. Il est mort en 1976.

I

Le palais des Anciens

Toute existence est une lettre postée anonymement; la mienne porte trois cachets : Paris, Londres, Venise; le sort m'y fixa, souvent à mon insu, mais certes pas à la légère.

Venise résume dans son espace contraint ma durée sur terre, située elle aussi au milieu du vide, entre les eaux fœtales et celles du Styx.

Je me sens décharmé de toute la planète, sauf de Venise, sauf de Saint-Marc, mosquée dont le pavement déclive et boursouflé ressemble à des tapis de prière juxtaposés; Saint-Marc, je l'ai toujours connu, grâce à une aquarelle pendue au mur de ma chambre d'enfant : un grand lavis peint par mon père, vers 188c — bistre, sépia, encre de Chine —, d'un romantisme tardif, où le rouge des lampes d'autel troue les voûtes d'ombre dorée, où le couchant vient éclairer une chaire enturbannée. De mon père, je possède aussi une petite huile, une vue de la Salute par temps gris, d'une rare finesse d'œil, qui ne m'a jamais quitté.

« C'est après la pluie qu'il faut voir Venise », répétait Whistler : c'est après la vie que je reviens m'y contempler. Venise jalonne mes jours comme les espars à tête goudronnée balisent sa lagune; ce n'est, parmi d'autres, qu'un point de perspective; Venise, ce n'est pas toute ma vie, mais quelques morceaux de ma vie, sans lien entre eux; les rides de l'eau s'effacent; les miennes, pas.

Je reste insensible au ridicule d'écrire sur Venise, à l'heure où même la primauté de Londres et de Paris n'est plus qu'un souvenir, où les centres nerveux du monde sont des lieux sauvages : Djakarta, Saigon, Katanga, Quemoy, où l'Europe ne se fait plus entendre, où seule compte l'Asie; Venise l'avait compris, installée à ses portes, pénétrant jusqu'en Chine; c'est à Marco Polo que Saint-Marc devrait être dévoué et non le contraire.

A Venise, ma minime personne a pris sa première leçon de planète, au sortir de classes où elle n'avait rien appris. L'école ne me fut qu'un long ennui, aggravé de blâmes, mérités; si l'encre me restait aux doigts, rien ne me restait dans la tête; les livres, quel poids! Transporter le Quicherat des Champ-Élysées à ce Monceau que nomment plaine ceux qui n'ont pas gravi chaque matin la rue de Courcelles, cassait mes épaules étroites de citadin. Le macadam était dur à mes pieds; je pensais déjà à Venise, j'entendais célébrer cette ville-nénuphar, où chaque rue était la Seine.

Les auteurs classiques ne me parlaient pas; ils avaient écrit pour un autre monde, pour les courtisans de Versailles, ou pour les professeurs; rien, chez nos

grands auteurs, ne m'intriguait, ne m'attachait, ne me
scandalisait; quel rapport entre les Atrides au masque
d'or que Schliemann venait d'exhumer, et les Atrides
emperruqués du XVIIᵉ siècle? Commencer la vie par
Bérénice! Aimer *Bérénice* à treize ans! Il m'aurait fallu
d'abord aimer quelqu'un qui aimât Racine; qui m'expliquait ce Racine, ce cœur de femme enté sur un corps
d'homme? Personne ne me donnait la clé des mots,
dont un sur deux signifiait autrement qu'aujourd'hui;
j'allais du contrecœur au contresens : la gloire? la
raison d'État? un roi qui pleure? les nuances, ce ne
sont pas des jouets pour les enfants. Comment une
femme peut-elle être à la fois douce et violente? Dans
Shakespeare, au contraire, dans ses crimes, dans ses
spectres, j'entrais de plain-pied en écoutant Marcel
Schwob et mon père, qui traduisaient ensemble *Hamlet*
pour Sarah Bernhardt — traduction infiniment plus
savoureuse que celle de Gide —, chercher sous l'anglais
quelque vieux mot français, comme on retrouve un
primitif sous le repeint tardif. Shakespeare, immense
guignol où tout, au lieu d'être coupé en quatre, était
concilié, surmonté.

Je n'ai jamais appris la grammaire [1]; pas de quoi se
vanter, mais il me semble que si je l'apprenais aujour-
d'hui, je ne pourrais plus écrire; l'œil et l'oreille furent mes
seuls maîtres, l'œil surtout. Bien écrire, c'est le contraire
d'écrire bien. « Il n'y a pas assez de mots pour exprimer
ce que je pensais... » : c'est qu'au lieu de penser, vous

---

1. Faisant de la prose sans le savoir, je découvrais *la grammaire implicite*,
le fin du fin d'aujourd'hui.

cherchiez des mots; c'est aux mots à vous chercher, à eux de vous trouver. On doit pouvoir dire de n'importe laquelle de vos phrases : « C'est son père tout craché. » Un écrivain doit avoir sa propre longueur d'onde.

La philosophie de ma jeunesse n'était que l'annexe d'un triste hôpital psychiatrique; la géographie ne m'offrait qu'un catalogue de golfes et d'îles, un inventaire de cimes et de fleuves, un répertoire de pics aussi dénudés que les montagnes de la Lune; il semblait qu'aucun homme n'y eût jamais habité; quant à l'Histoire, ses cassures artificielles, ses fameux « tournants », l'arbitraire découpage de ses règnes m'interdisaient d'y rien voir que des batailles, ou des traités destinés à préparer de nouvelles batailles.

Ce qui me frappe, en prenant long recul, ce sont les omissions bizarres, les silences, tendancieux peutêtre, du premier enseignement que je reçus. On me cachait la préhistoire, la Bible, Byzance, la Chine, l'Extrême-Orient, les États-Unis, la Russie, les religions, la musique; je sortis du lycée n'ayant connu ni les noms, ni les périples, des voyageurs illustres, ignorant tout de la géographie économique, de l'histoire de l'Art, de la biochimie, de l'astronomie; n'ayant lu ni Montaigne, ni Hugo, ni Baudelaire, ni les poètes Louis XIII, ni Dante, ni Shakespeare, ni les romantiques allemands, etc. Colonna d'Istria, mon professeur de philosophie, que passionnaient les maladies de la volonté, leur consacra six mois sur neuf, expédiant ensuite en quelques heures logique, morale, métaphy-

sique et histoire de la philosophie; aux Sciences Po,
Émile Bourgeois nous fit sommeiller deux ans sur le
poussiéreux secret du Roi. Qui était responsable de ces
lacunes ubuesques que la vie n'a pu combler, de cet
enseignement étriqué, coincé entre le brevet primaire
et l'agrégation, de ce paysage plein de trous où je
sautais à cloche-pied : les programmes, les professeurs, ou mon défaut d'application et d'intelligence?

Je n'avais faim de rien.

On a peine à me croire quand je dis ma nature sauvage,
resserrée. A ce pessimisme originel l'éducation est venue
ajouter celui de mon entourage, celui des livres de
la bibliothèque familiale : le Renan d'après la défaite,
Schopenhauer, Zola, Maupassant, Huysmans, leurs
grincements de dents, leur rire noir.

J'ai été un fils unique, un enfant solitaire, à qui son
père enseigna, comme premier adage, le très mériméen :
Souviens-toi de te méfier [1] ou *Tes amis peuvent être un jour
tes ennemis*, un père dont la philosophie se résumait à
ceci : « Le Créateur a raté ce monde-ci; pourquoi
aurait-il réussi l'autre? tout a été manqué, le sera
toujours. Il n'y a que l'Art qui ne mente pas. »

Ceci explique un fond alarmé, renfermé, sinon farouche,
du moins se livrant peu, insociable, pas chaleureux,
cette moue de mes quinze premières années; mon enfance
n'a pas été cet émerveillement précoce en face du
monde extérieur qu'il fut pour la plupart des écrivains,
de Gide à Alain-Fournier, de Proust à Montherlant.
Je suis resté sur mes gardes. D'où mon retard à exister.

---

1. Ou encore : *Défiance quand tu ne connais pas, méfiance quand tu connais.*

J'ai toujours ressenti l'enfance comme un état infé-
rieur. J'étais sage, habitué à l'immobile, respectant
l'économie, vertu théologale. J'arrivai à l'âge d'étudiant sans avoir rien aimé, rien compris, rien vu,
rien senti. La vieillesse est-elle réservée aux grandes
découvertes?

Venise, c'est le décor du finale de ce grand opéra
qu'est la vie d'un artiste : Titien s'y éteint après sa
Déposition, le Tintoret avec *San Marziale*, Verrochio
avec le *Colleone*. Une consolation, on y vit vieux :
Giovanni Bellini à quatre-vingt-six ans, Longhi à
quatre-vingt-deux, Guardi à quatre-vingt-un.

Est-ce la destinée, ou est-ce ma faute : j'arrive toujours
quand on éteint; dès le début, c'était terminé; j'ai vu
la fin du XIXe siècle; celle d'un enseignement secondaire
qui durait depuis toujours (1902); celle du service
d'un an (1906); la disparition de l'or (1914); j'ai vu
mourir plusieurs républiques et un État; et deux
empires expirer; sous mes yeux disparut un troupeau
de renommées solides ou déraisonnables, et quelques
gloires. Je suis voué à ce qui finit; ce n'est pas seulement
le fait d'un grand âge, mais d'une fatalité dont je sens
le poids.

Je suis veuf de l'Europe.

De mon père, j'ai le physique, en plus robuste; et
presque tout le reste. Ma vitalité vient de plus loin.
L'aimais-je, ou moi en lui? Je n'arrive pas, même
aujourd'hui, à faire le départ. Tout enfant, j'avais le
sentiment que mon existence dépendait de lui, que,
s'il disparaissait, la maison s'écroulerait.

Quand les grands hommes célèbrent leurs mères, ils nous les décrivent comme des êtres d'exception, des athlètes victorieuses dans des championnats de dévouement, battant des records d'abnégation, des monstres de grandeur, des phénomènes de bonté. Ma mère était tellement unie à mon père, tellement lisse d'âme, si contenue, si parfaitement chrétienne qu'elle eût détesté qu'on la proposât en exemple. Janséniste, mais avec tant de grâce! Sa patience, sa tolérance, son égalité d'humeur lui ôtaient du relief, mais faisaient d'elle un foyer à température constante. La douceur de ses vertus, sa réserve, ses qualités morales ne défiaient personne, ne s'offraient pas en exemple, comme la mère d'un Proust ou celle d'un Gide; sa culture était sans citations, ni juive, ni protestante, faite pour la religion, le pays, la classe où elle était née, en plein Marais. Elle s'habillait d'étoffes très souples, qu'on nommait alors *kasha*, dont les beiges amortis comme le blond de ses cheveux n'étaient relevés que par les gants noirs ou le voile de mousseline noire qui partait de son chapeau pour s'entourer autour de son cou.

J'étais incroyant, autant pour imiter mon père que pour chagriner mon adorable mère et m'élever au rang d'homme; les hommes de ma famille allaient après la messe à la rencontre de leur épouse, mais s'arrêtaient au seuil de l'église. C'était une irréligion d'État silencieuse, sans anticléricalisme, mais fort radicale. Je n'arrivais pas à comprendre le catéchisme, dialogue qui me coupait la parole sans répondre aux questions que je voulais poser. Ce n'était pas l'inconnu qui me dépaysait dans la religion, mais bien ce qu'on m'en faisait voir, un Orient lointain, avec ses rois barbus, en sandales et robes, les femmes en pantalons bouffants, ses citernes, son pain sans levain, ses ânes, ses palmiers, ses noms hébreux, ses circoncis, les calebasses attachées au bâton de ces anachorètes vus sur les vitraux de Saint-Philippe-du-Roule, église triste où les messieurs bien manifestaient à la sortie contre le gouvernement, leur haut-de-forme « huit reflets » au bout de la canne, conspuant les Juifs, sans voir qu'ils étaient, eux, les vrais Pharisiens.

A dix-sept ans, j'ouvris la fenêtre; l'air du stade entra; l'herbe élastique, la cendrée des pistes, la boue du rugby où tant de statues instantanément se sculptent dans la boue, les plongeoirs de rares piscines, les épées résonnant sur les coquilles dans les salles d'escrime... Soudain, c'était vivre! Jusque-là, j'avais avancé comme un automate remonté par une main inconnue; à ce sommeil vertical je n'échappai que par l'exercice, grâce à quoi je compris qu'on ne vit qu'une fois et qu'il faut y apporter toute l'attention possible.

L'énergie musculaire éveilla la force de l'esprit; l'effort, le travail, devenaient soudain amusants; je cadençai mes gambades; l'économie de la respiration m'imposa l'horreur du discours; j'appris que la douceur pouvait s'accommoder de la dureté des muscles; ce qu'auraient dû m'enseigner l'éducation, l'instruction religieuse, la culture civique, c'est par l'étrange détour du sport que j'y eus accès; j'acceptai la loi, je découvris la conscience collective, le goût de l'équipe, l'amour du prochain dont personne ne m'avait parlé. Je n'avais jamais vu le devoir que sous sa forme abstraite, rébarbative; le sport me l'a fait sentir, vivre, aimer; je compris qu'on doit passer le ballon.

Ce n'est pas en France qu'il faut avoir vingt ans, cette belle patrie ne se prête pas aux coups de foudre; qui m'expliquait comment aimer sa patrie, ni même que j'en avais une? J'aimais les miens, ma ville, ma classe, mon quartier, ma maison; ma patrie, en 1900, c'était l'univers. On considérait alors comme impensable et même impudique d'avoir à commenter cette chance d'être né en France; qui donc aurait l'idée de naître ailleurs? La survivance miraculeuse de mon pays à travers les siècles allait de soi, par don divin; d'ailleurs la patrie, cela venait de trop servir aux « canailles de l'État-Major »; le Théâtre-Libre, la Sorbonne, les romans naturalistes veillaient à ce que cela ne recommençât pas. La France était si forte, si unique, si immense, couvrant de rose les doubles pages des atlas, qu'elle n'avait pas besoin qu'on l'aimât : aimer quelqu'un, c'est trembler pour lui : cette France que le monde prenait sous sa protection, étayée à droite par le tsar, s'appuyant à gauche sur Édouard VII, rien ne pouvait lui arriver; il n'arrive rien aux riches. Morale mignonne du XIXᵉ siècle où le centre de l'univers était la Terre, celui de la planète, l'Europe, avec Paris comme moyeu; autant de noyaux faits pour soutenir la pulpe d'un fruit sans pareil offert par Dieu à l'humanité : la France.

Je me rends compte de ce que cet état d'esprit peut

avoir, aujourd'hui, de surprenant; le misérabilisme se portait peu en 1900. J'entendais, hier, à Genève, Marcuse dénoncer le bonheur « comme objectivement réactionnaire et immoral »; le bonheur du début du siècle était radical, avec ses restaurants à trois francs et sa foi dans le progrès. C'était une époque heureuse, où personne n'avait mauvaise conscience, où ceux qui avaient mal ne criaient pas. Le mot de *culpabilité*, on ne le trouve pas dans les vieux dictionnaires; les démocrates-chrétiens commençaient à peine à enter le remords social sur les repentirs de la religion. Je ne pensais qu'à m'amuser en m'instruisant, ce qui, dès la sortie du lycée, fut pour moi une seule et même chose. Les États faisaient semblant d'exister, mais ils n'existaient guère; aucune araignée, au centre, ne télécommandait les mouches captives; les percepteurs n'avaient que la figure inexpressive de l'impôt indirect. Un passeport, on ne l'exigeait que chez le tsar. Mes journées étaient vides, sans rendez-vous, autant dire sans heures perdues. Il y avait de l'air entre les êtres (inimaginable à notre époque qui publie — ce qui est un comble — un *Guide des villages abandonnés*); aucune « pression démographique »; les partis politiques étaient des cercles de province; aucun souci, aucune échéance; la caserne, les concours d'État, ce serait pour plus tard. Le temps ne valait rien, richesse sans cotation, comme le soleil ou l'oxygène. Notre monnaie gardait son pouvoir d'achat qui n'a baissé qu'à partir de 1918, date où dominèrent dans l'administration les inspecteurs des Finances; elle n'a cessé, depuis lors, par une curieuse coïncidence, de s'amenuiser. Gagner de l'argent vous gâtait l'argent, parler d'argent, c'était mal élevé. Mon père passait pour être « à son aise »; cette aisance venait de ce qu'il n'avait pas de besoins; « il est plus facile de se passer des choses que de perdre son temps à les acquérir », aimait-il à répéter; sa seule richesse était un petit Breughel, un tout petit *Trouville* de Boudin, une *Tête* de Renoir, et un *Crozant*, de Guillaumin. Eugène Morand n'entra jamais dans une banque; avait-il besoin d'une paire de chaussures, il écrivait à Noren, son bottier de la rue Pierre-Charron [1]; Jamet, tailleur de la rue Royale, lui expédiait chaque année, sans essayage, le même complet de serge bleu marine; mon père parcourait Paris à pied, infatigable, laissant à ma mère le coupé de louage de l'ÉPATANT; il n'avait jamais un sou sur lui; parfois, le soir, je l'entendais dire à ma mère : « Je vais à l'Opéra, dans la loge de Mme Greffulhe; mets-moi de l'argent (il ne comptait jamais en louis, c'était mondain) dans mon gilet, au cas où elle me demanderait de l'emmener souper chez Paillard. »

Il existe à Padoue un très vieux palais, datant de 1256, qu'on appelle encore le *Palazzo degli Anziani* : c'est l'image même de mon adolescence; je vivais hier; j'habitais au milieu d'hommes d'autrefois; j'en étais même arrivé à ne plus regarder le monde qu'à travers les Ancêtres. Je m'en ouvrais à mon père : « Devant le soleil à son déclin mes couchants sont ceux de Tur-

---

1. Aujourd'hui avenue Pierre-Ier-de-Serbie.

ner; mes nuages, des ciels de Courbet, des plafonds de Tiepolo; je n'imagine pas d'autres dégels que ceux de Monet, toutes mes femmes ont le ventre de Rodin ou des jambes de Maillol; je voudrais pouvoir me réjouir d'un rose à côté d'un vert, sans avoir à en remercier Matisse; nous voici à Saint-Séverin : je n'arrive pas à le voir de mes yeux, il me faut ceux de ton Huysmans. Où suis-je, moi, là-dedans? »

Le fameux fossé des générations ne me parut jamais malaisé à franchir tant il y avait d'entente naturelle entre mes parents et moi, tant j'avais de plaisir à les suivre dans une direction qu'ils ne cherchèrent jamais à m'imposer. Leur rythme de vie était le mien; en voyage, nous restions des heures, des journées, côte à côte sur des chaises longues, sans chercher le contact avec nos voisins d'hôtel, à nous comprendre sans dialogue. Je ne connaissais pas encore mon temps; ce que je vivais, c'était le temps des miens, l'air que je respirais, c'était leur air.

Les Anciens, on leur devait tout, sans les jamais égaler; on leur devait, d'abord, reconnaissance : j'avais toujours vu mon père éviter de marcher sur le tapis persan de l'atelier, par respect pour un objet de haute époque : « Ce tapis est venu jusqu'à moi, j'ai des devoirs envers lui », disait-il. La beauté seule comptait; exactement le contraire d'aujourd'hui, où la beauté sera exilée tant qu'un homme aura faim.

Je n'appartenais qu'à moi-même, sans autres attaches ni devoirs que les liens du sang, fort serrés. Du côté de mon père, il ne restait personne; je n'avais pas de

morts à pleurer, de morts avec qui vivre. Du côté
de ma mère, une bourgeoisie dont l'amour pour son
mari l'avait éloignée, mais qui subsistait, de race; j'allais une fois par semaine rue Marignan, au dîner
du dimanche de ma grand-mère maternelle, en respec-
ter les rites. (Je revois ces rites : bouteilles de bordeaux décantées, avec, au col de chaque carafe, un
petit cœur de papier filtre où on lisait le cru et l'année; compotiers où pyramidaient cerises et fraises, sans
qu'une queue dépassât; quelques adages flottent encore
dans ma mémoire comme : « C'est meilleur le lendemain, réchauffé. ») Cette partie de ma famille peuplait
la Cour des Comptes de conseillers, maîtres et référen-
daires : c'était la province, à Paris. Le vrai Paris, je le
trouvais chez nous; on n'y était classé que par le talent,
par l'originalité. Les mercredis d'hiver, il y avait dîner
à la maison; je revois mon père, mince comme un
Valois, la moustache retroussée au petit fer, le ruban
du monocle se balançant sur le plastron empesé. Le
« chacun se place où il veut » était la règle. La Société
des Artistes français et l'Institut y étaient exécrés,
exception faite pour Gounod, Pierné, Massenet, qui
avaient écrit la musique des *Drames sacrés* (1893),
d'*Izeyl* (1894) et autres pièces de mon père, et *Gri-
sélidis* (1891), mystère néo-médiéval, triomphe de Bar-
tet à la Comédie-Française, devenu en 1901 un opéra-
comique, musique de Massenet.

Certains mercredis étaient réservés à la musique italienne : Tosti, sorte de prince de Galles à yeux bleus,
auteur de valses et de romances qui faisaient le tour

de l'Europe, ou le compositeur Isidore de Lara, bon
géant, qui arrivait avec Litvinne ou Héglon, ou avec
le fameux ténor Tamagno; après dîner ils faisaient
vibrer la verrière de l'atelier dans un air de *Messaline*,
dont le livret (1899) était de mon père et d'Armand
Silvestre :

> *Viens aimer les nuits sont trop brèves,*
> *Viens rêver les jours sont trop courts...*

Auguste Rodin, lui, ne venait qu'au déjeuner (vers
1903-1908); hors de la barbe d'un blanc jaune, son nez
priapique me semblait sortir du pubis; je voyais ses
oreilles de faune pointer au-dessus d'un massif de
fusains, dans notre jardin, l'éden du Dépôt des
marbres, quai d'Orsay; depuis 1880, le sculpteur y
avait son atelier, prêté par l'État; nous habitions rue de
l'Université une adorable maisonnette; Rodin y trouvait
un abri contre les cris déments de Camille Claudel,
contre les reproches de Rose qui l'attendaient, le soir,
à Meudon; cet enfer domestique c'était sa vraie *Porte
de l'Enfer* dont je vois encore, dans son atelier,
l'immense maquette de plâtre gris, poussiéreux, avec
l'*Ugolin* ou l'*Enfant prodigue* accrochés aux battants,
immobiles depuis un quart de siècle, dans les toiles
d'araignées. Le Rodin des débuts était déjà loin; celui
qui nous quittait, après déjeuner, retournant à son
atelier où l'attendaient Isadora Duncan ou ces Américains qui faisaient queue pour leur buste à quarante
mille francs-or. Rodin, je ne devais le revoir qu'à

Londres, en juillet 1914; il y était venu pour la journée inaugurer une exposition, accompagné par la comtesse Greffulhe; surpris par la mobilisation, le service des paquebots interrompu, il avait dû passer la nuit, sans linge de corps, enveloppé dans deux chemises de nuit de la comtesse, très « Guermantes », nouées par les manches autour de son buste praxitélien.

Vallée du Rhône, 1906.

Ce matin-là, tout avait gelé : le paysage, le soleil, le ciel, l'hôtel, l'espèce humaine, solidifiés dans l'extase de ne plus être qu'un fragment de bonheur durci, brûlant de froid; les cygnes qui s'étaient endormis se réveillaient les palmes prises dans la glace. L'hiver, ce n'était donc pas que pieds sur les bûches, engelures, oreilles de bois, mais ceci que l'on m'avait caché : une sorte d'été blanc, dont la stérilité insultait à l'autre été tout agité de rivières et de moissons. Le mot hibernation n'existait pas, mais je sentais déjà que le froid assurait longue vie; du thermomètre, le mercure avait disparu, réfugié dans sa petite boule; des arbres à feuilles caduques il ne restait que la monture; les branches n'étaient plus que des racines aériennes. Je touchais au plus haut; être guide de montagne, scieur de long, botaniste ou valet d'étable, tout, plutôt que redescendre dans la vallée. Je n'ai plus jamais oublié cette brusque entrée dans l'universel. Jamais je n'avais existé autant. Quelle plénitude! Je me sentais comblé d'une joie toute

simple; rien qu'un accord total avec la nature, avec
le monde, avec l'ordre des choses. Je ne voulais plus
rien, certain que l'instant pouvait être immobile; je
devinais, en un éclair, que les vraies richesses n'ont
pas de prix.

Bien plus tard, je devais comprendre mon émerveillement devant ces cimes vierges; grâce à elles, je
m'évadais d'une prison; quelle prison?

J'avais été élevé dans le Paris noir de Zola, dans les
bitumes de Whistler, parmi les paysans noirs de Maupassant, dans la province noire de Flaubert, dans le
noir du calorifère à air chaud; et soudain tout était
blanc! Ce miroir magique me faisait voir ma vie future;
des forces élémentaires qui jusque-là avaient dormi,
s'irradiaient. Je me trouvais soudain au centre de
moi-même.

En face, la frontière savoyarde, crêtes abruptes
refusant le Nord de toutes leurs forces; à mes pieds,
la vapeur bleue du lac appuyé contre le Jura, long
reptile à l'échine écaillée de glaces et de sapins; sur
ma droite, l'étagement des promontoires de Vevey,
Clarens, La Tour, venant plonger leurs becs dans
l'eau pailletée de soleil; derrière, les Avants, Sonloup,
Jaman, dévalant avec leurs brèches, leurs ressauts,
arrachant leurs terres meubles pour les précipiter au
Rhône, malgré les efforts des chalets, ceux des éperons
de pierre pour s'accrocher à l'horizontale.

De quelles pattes menaçantes voulais-je sortir, je
l'ignorais? M'évader, pour faire quoi? Pour ne rien
faire. Cette paresse sauvage, je la retrouve aujourd'hui

dans la jeunesse; des sondages récents auprès des garçons de seize ans affirment que, pour eux, les loisirs
passent avant la nourriture, avant le logement, avant
les appareils ménagers... Je me sentais déjà, ce jour-là,
ce qu'ils seraient plus tard, et par millions; léger à
m'envoler hors de l'épaisse soupe de fumées qui étouf-
fait la vallée du Rhône, salissait le lac.

L'indécision de mon caractère cédait la place à une foi
éclatante : j'échapperais; je ne savais à quoi, mais je
sentais que le sens de ma vie serait tourné vers le dehors,
vers ailleurs, vers la lumière; pas demain, tout de suite;
d'où cette promptitude à saisir l'instant, cette précipita-
tion d'homme pressé qui m'ont accompagné si longtemps;
échapper aux hommes, échapper au Temps; je sentais
en moi une puissance animale dont la mort seule aurait
raison. « Tu es une brute », me disait Giraudoux. Dans
le même temps s'amorçait ce battement d'un pendule
qui ne m'a plus quitté, un goût, sans doute prénatal, du
resserrement, contrastant avec cette passion de l'espace
qu'annonçait la puberté; le bonheur de vivre dans une
chambre étroite contrarié par l'ivresse du désert, de la
mer, des steppes.

Je haïssais les clôtures, les portes; frontières et murs
m'offensaient.

Italie, 1907.

Lors de ma première évasion, je me jetai sur l'Italie
comme sur un corps de femme, n'ayant pas vingt ans.

Ma grand-mère, au Cap-Martin, me faisait de loin admirer son idole l'impératrice Eugénie en promenade (« Quelles épaules! »); je la suivais à la roulette de Monte-Carlo, n'entrant dans la salle de jeu qu'en passant sous la balustrade, faute d'avoir l'âge légal. Avec quatre ou cinq pièces d'or en poche, mon premier et dernier gain, je profitai d'une réduction de tarif en l'honneur du Simplon, tunnel récemment perforé, et courus à Naples attendre le paquebot italien de Giraudoux, à son débarquer d'Harvard.

A Naples je devais retrouver la même ivresse physique et morale qu'à Caux; ce fut au cours d'un déjeuner solitaire sous la treille, au-dessus de Saint-Elme; la rumeur du travail des hommes montait jusqu'à moi, qui les regardais faire. Il ne se passait rien, je n'espérais rien, je ne donnais rien, je recevais tout. Des millions d'années m'avaient attendu pour m'offrir ce cadeau suprême : une matinée sous une treille. Aucune raison pour que cela ne continuât pas. Une tradition d'origine très lointaine assurait à toute chose, à moi-même, une place prédestinée. J'entrais dans la vie pour toucher mon dû : Titien, Véronèse n'avaient peint que pour se faire admirer de moi, ils m'attendaient; l'Italie se préparait depuis des siècles à ma visite.

Il me semblait tout naturel de récolter ce que d'autres avaient semé. Au-dessus du linge pavoisant les rues napolitaines je flottais dans l'irréel d'un ciel qui lampait les fumées du Vésuve. Ce détachement, cet égotisme contemplatif, cette passivité ne m'ont pas épargné les ennuis; les raccourcis ont singulièrement allongé

ma route, même si la paresse allongea ma vie. Je volti-
geais autour des gens, je voletais autour des choses,
je ricochais sur les surfaces dures, fuyant tout attache-
ment, peu affermi dans mes sentiments, tout dévoué à
moi-même. Pèlerin passionné, tout m'éblouissait. « Il
va falloir que je rentre en France, MALHEUREUSEMENT »,
dit une carte postale retrouvée, alors adressée à ma
mère. De tout ceci, plus tard, j'ai eu honte, jusqu'au
jour de l'an dernier où, mes yeux tombant sur une
interview du nouveau major de Centrale, dans *Le
Figaro*, je lus ceci : « Vos projets d'avenir? — Je
pars pour un an aux États-Unis, à l'université de
Berkeley. — Et après? — Après... La France, MAL-
HEUREUSEMENT. » Blasphème hier, aujourd'hui propos courant. Voici ma progéniture, soixante ans plus
tard, qui me rejoint.

Lombardie, 1908.

Découvrir Naples, c'était donner son vrai nom au soleil; vivre en Lombardie, y attendre l'entrée en Vénétie, c'était bien autre chose, c'était passer de l'amitié à l'amour.

L'été, mes parents descendaient vers l'Italie comme vers la Terre Sainte, prêts à y recevoir la Loi. Univers de musées, de pinacothèques, de bibliothèques, entre lesquelles se logeaient des constructions d'utilité publique, usines, gares, ou fermes, pour les commodités de la vie. Nous croisions dans nos voyages une autre humanité, qui parlait une langue inconnue où il était question de faillites, de bénéfices, de grèves, de salaires, de rendement à l'hectare. Cela n'avait aucun sens pour nous.

Nous demeurions quelques semaines à Tremezzo, où le lac se sagitte en feuille de nénuphar. Dans ces jardins d'été nous suivions les traces des cardinaux milanais depuis le XVIᵉ siècle étendus à l'ombre des magnolias aux fleurs citronnées; nous attendions sur le lac de

Côme la fin de la canicule, de cet enfer lombard qui sur les bords du Pô grille même le feuillage des saules.

Il m'arrivait de me rendre de Tremezzo à Bellagio, nageant les deux kilomètres du lac, dont l'eau était d'une telle viscosité qu'en l'écartant je croyais caresser un poisson.

Aux derniers jours d'août, je me réfugiais dans les châtaigneraies de la Tremezzina, aussi froides qu'un marbre de Thorwaldsen; dans le tortillard qui me ramenait de quelque raid en Tessin où j'allais m'approvisionner de cigarettes, je me revois, dominant en descente les fleurs des châtaigniers, admirables étoiles phosphorescentes. Je n'ai jamais oublié l'odeur de cette châtaigneraie de la Tremezzina, de cette même forêt que traversait Fabrice en route pour Waterloo. C'est à Tremezzo que j'ai pris le goût des châtaignes, admirables hérissons, et de la feuille de l'arbre, semblable à une égoïne. Je devais encore vivre dans une châtaigneraie en 1944; durant trois années, à Montreux, je me suis nourri de châtaignes entassées avec leur bogue dans une baignoire inutilisable, faute d'un abonnement au gaz; la châtaigneraie de *Maryland* dévalait de la villa abandonnée jusqu'aux premiers toits de Territet, avant de s'enfoncer dans le Léman; châtaigniers comme ceux que *La Nouvelle Héloïse* situe à Clarens, aujourd'hui presque partout abattus pour faire place à la vigne.

Dès septembre, nous partions pour Venise; changement de décor; les cheminées d'usines de la plaine lombarde remplaçaient les cyprès du lac de Côme; le long du rail, les vignes ne se donnaient plus la main; par la fenêtre du wagon, Milan amorçait une nouvelle Italie industrielle; à quoi bon tant de pneumatiques, de roulements à billes, d'industries idiotes? Je vivais le dos tourné à l'avenir; l'avenir pouvait-il être autre chose qu'un passé immanent?

Arrêt à Milan; l'hôtel favori des Français se nommait, en ce temps-là, l'*Albergo di Francia;* mon père entre dans la chambre; sur la cheminée un monstrueux groupe de bronze, dessus de pendule italien de la pire époque Victor-Emmanuel Ier : « Je ne pourrai jamais fermer l'œil devant pareille horreur! En route! », crie mon père. Nous voilà repartis pour Venise, sans dîner ni coucher. Ce n'était pas une pose : mon père avait vraiment vécu l'ère ruskinienne; il avait connu William Morris, les préraphaélites, le *liberty*, qui élevait le plus commun des ustensiles à la dignité d'objet d'art; chez lui, chez nous, s'accommoder de la laideur, c'était se souiller. J'ai vu Lalique se coudre lui-même des souliers, à l'instar de Tolstoï, et Gallé construire ses propres fours, comme, plus tard, Brancusi, qui nous y cuisait des beefsteaks. Mon père dessinait les costumes et les décors de ses pièces; il a même peint, pour la Comédie-Française, un rideau de scène médiéval, à la Burne Jones.

1908.

Venise dans le rétroviseur.

Venise, que Proust appelait « haut lieu de la religion de la Beauté ». Huit ans plus tôt, Proust, dont
alors j'ignorais tout (bien que mon père le rencontrât
chez Madeleine Lemaire — je devais l'apprendre de
Proust lui-même, dix ans plus tard) avait vu Venise à
travers Ruskin, mais déjà il se rendait compte de
ce que cette religion de la Beauté a d'exigeant. « La
Beauté ne fut pas conçue par Ruskin comme un
objet de jouissance, mais comme une réalité plus
importante que la vie... » Si Proust s'en était tenu à
Jean Santeuil il n'eût été qu'un hédoniste ; mais il a
souffert, il a dépassé la Beauté, il a donné *Swann*.
C'est pourquoi notre sévère époque lui pardonne
ses duchesses. Blanc-bec, je n'imaginais pas qu'on eût
des devoirs envers la Beauté ; elle ne m'était qu'un
biais pour échapper à la morale ; et Ruskin, un
effroyable raseur, comme dit Bloch.

Je m'entends dire et répéter : « Tu nies le passé, tu
refuses le présent, tu t'élances vers un avenir que tu
ne verras pas. » Je veux en avoir le cœur net; surmon-
tant mon peu de goût pour moi-même, j'ai donc pris
Venise comme confidente; elle répondra à ma place.
A Venise, je pense ma vie, mieux qu'ailleurs; tant pis
si je montre le nez dans un coin du tableau, comme
Véronèse dans *La Maison de Lévi.*

Les canaux de Venise sont noirs comme l'encre;
c'est l'encre de Jean-Jacques, de Chateaubriand, de
Barrès, de Proust; y tremper sa plume est plus qu'un
devoir de français, un devoir tout court.

Venise n'a pas résisté à Attila, à Bonaparte, aux
Habsbourg, à Eisenhower; elle avait mieux à faire :
survivre; ils ont cru bâtir sur le roc; elle a pris le parti
des poètes, elle a bâti sur l'eau.

La gare de Venise à jamais est restée pour moi une
entrée triomphale; celle d'alors n'était pas celle d'aujourd'hui, péristyle d'un théâtre ferroviaire mussolinien. (« Ici Venise, Venezia, Venedig : vous allez voir
ce que vous allez voir. *Viva il Duce!* ») L'ancêtre,
c'étaient trois arcades verdies d'humidité, culottées par
la fumée de charbon. Ce qui n'a pas changé, c'est la
coupole de bronze vert de San Simeone Piccolo; les
bombes de deux guerres, visant la voie ferrée, l'ont
épargnée; à gauche et en face, des *trattorie* où l'on
dîne, tête sous les lauriers en caisse, les pieds dans

l'eau; l'eau de ces Fundamenta Santa Lucia ou
dei Turchi y pue moins qu'ailleurs; battue par les
hélices, elle y reprend de l'oxygène et ne dégage pas
d'hydrogène sulfureux.

En ce temps-là, le gondolier était encore roi; fier de
la surprise de nous avoir fait prendre le raccourci du
Rio Nuovo, au sortir de la gare, et de nous faire soudain
déboucher à l'ACADÉMIE, le nôtre égrenait, en redres-
sant sa rame courbée comme un fleuret, les noms écla-
tants des palais : FOSCARI, GIUSTINIANI, REZZONICO,
LOREDAN, VENIER, DARIO... (Certains, pliés en deux par
l'âge et les rhumatismes, avaient l'air de nous saluer.)
Au passage, le gondolier, toujours hostile aux pyroscaphes, leur faisait la figue. Hier encore, les *vaporetti*,
maîtres des canaux, se mettaient en grève pour qu'on
interdise le Rio Nuovo aux dernières gondoles; l'eau
calme remplacée par une permanente tempête [1].

Nous arrivions enfin en vue de la Douane de mer
surmontée d'une Fortune qui, alors, était dorée; aujour-
d'hui la Fortune a tourné au vert-de-gris [2].

Ce défilé triomphal sur le Grand Canal, « ce registre
de la noblesse vénitienne », comme dit Théophile
Gautier, nous amenait jusqu'au traghetto San Maurizio où attendait le petit appartement du deuxième
étage, loué par mes parents. La ruelle était déserte;
seul un panier qui, à l'annonce du cri : *Bella uva!*,
était descendu au bout d'une ficelle jusqu'au ven-

1. La lutte entre *vaporetti* et gondoliers dure depuis soixante ans, le
Syndicat des gondoliers essayant d'obtenir que ses rivaux soient détournés
par la Giudecca.
2. La Fortune est redorée (1971).

deur de raisins, remontait chargé de grappes mus-
catées pour le déjeuner déjà servi. Les moustiquaires
étaient pliées en parachute au sommet des lits, les
chambres sentaient le cadavre des *papatacci* froids,
tués par de petits triangles d'herbes nauséabondes et
endormeuses; du canal montait l'odeur d'eau pourrie de
ces vases dont on a oublié de retirer les bouquets fanés.

Le matin, j'étais réveillé par la voix enrouée du
vaporetto, par la striation des reflets du Canal au
plafond vert amande, à reliefs de plâtre, ou sur les
façades écaillées de lumière; pour cinquante centimes,
le barbier montait me barbifier (admirable attaque du
poil par les rasoirs italiens dont chacun portait, gravé
en or, dans l'acier, le jour de la semaine). A présent
que je vis pieds nus dans des espadrilles, sans cravate,
presque toute l'année, il m'arrive de rire de mon
accoutrement d'alors : pantalon de flanelle blanche,
chaussettes de fil blanc, feutre blanc, nœud régate,
col dur.

Le *rampino* du bac San Maurizio me saluait, au cri
de *poppe!* tendant son chapeau crasseux (même les
pauvres avaient un chapeau; un chapeau qui leur
servait à saluer), l'autre main tenant le crochet à
gondole. Il offrait de me faire traverser le Canal
comme la Sérénissime de Dandolo offrait aux Croisés de
les passer jusqu'à Byzance. Je n'utilisais pas ses services, m'engageant dans la ruelle vers le palais Pisani
(alors peint de ce nacarat chaud du « *corail* » des
scampi); je gagnais le palais Morosini aux ogives hau-
taines, d'un gothique si étroit qu'il semblait anglais. Pas-

sant devant Santa Maria Zobenigo, devant San Stefano,
devant San Vitale, j'allais attendre ma mère à la sortie
de la· messe, à San Moïse, dont la façade tout en
avancées, en retraits, tout en hors-d'œuvre, était blanche
de cette fiente acide des pigeons vénitiens qui dévore
même la pierre. Théophile Gautier m'avait fait aimer
cette église à obélisques et astragales qui ressemble si
parfaitement à l'ouverture du *Moïse* de Rossini. J'écar-
tais le rideau rouge (le même qu'aujourd'hui, moins
ces horribles portes de bar) : l'intérieur brillait de plus
de lampes votives que le Saint-Sépulcre; les confessionnaux jésuites, aux grilles baroques plus tourmentées
que des *confiteor*, bruissaient du bruit des péchés;
les confessionnaux n'ont existé, paraît-il, qu'à partir du
XVIIe siècle; le premier, cet âge boutonné a cru devoir
cacher ses péchés... Je m'arrêtais avec plaisir devant la
tombe de Law, Écossais, ancêtre du papier-or; ce monument rococo convenait à l'inventeur du rococo finan-
cier (l'inflation, c'est le romantisme, et la déflation, le
classique).

 « Si la Palférine avait de l'argent, il irait passer sa
vie à Venise, la journée dans les musées, au théâtre
le soir, la nuit avec de jolies femmes » *(Balzac)*. La
Fenice n'était pas ouverte; quant aux jolies femmes,
j'avais trop peur d'imiter Jean-Jacques mal consolé
de sa solitude par une courtisane qui faillit le poivrer,
par une autre garce au téton borgne, ou par la fillette
de douze ans, si peu nubile qu'il se contente de l'aimer
en père et de lui enseigner la musique. Se priver de
femmes faisait souffrir, le soir, mais je n'aurais jamais

osé approcher, comme le Président De Brosses après avoir consulté le *Tariffa delle putane di Venezia*, la Marianna ou la Fornarina d'une république de demi-castors.

Privés! Ce mot n'a plus de sens pour nos fils, pour leur âge impétueux, sans retenue contre les emportements, contre la véhémence des appétits; les jeunes d'à présent ont la faiblesse féroce des foules déchaînées. C'est cette diète de la chair qui nous a valu un empire sur nous-mêmes qu'on voit rarement aujourd'hui; ce ne fut que vers 1920, où nous décidâmes que nous étions sevrés, que nous ne jeûnerions plus, que nous nous jetâmes sur des proies faciles dont la saveur perdait en finesse ce qu'elle gagnait en abondance. A présent, les vierges vont attendre les garçons dans leur lit; au début du siècle nous n'avions que des prostituées, et encore fallait-il avoir accès au bordel; cela dépendait de la taille du client; le premier de nos camarades de classe à y entrer fut Baudelocque — le fils du célèbre accoucheur — qui nous dépassait de deux têtes; l'attendant, nous allions battre la semelle rue de Hanovre, sur le trottoir; à sa sortie, les questions pleuvaient : « Comment est-ce fait, une femme? » « On entre dedans? Est-ce possible! » Nous avions treize ans; il nous faudrait encore attendre... Je regrette à présent cette vie d'hier qui se passait à attendre; cette pénitence, cette continence que la société faisait peser sur nous donnait à l'autre sexe un goût inouï, lui conférait ce sacré qu'il a perdu. C'était encore l'Italie du jeune Beyle, de ses « deux ans sans femme »; il voulut y remédier : à dix-huit ans, la vérole.

Quant aux jeunes filles (qu'on n'appelait pas alors
des « filles »), il eût fallu réparer.

En ce temps-là les garçons réparaient, prenaient les
torts sur eux : dédommagement et pénitence; cela
participait du code de l'honneur féodal, de la vengeance
corse, de l'action civile. Il ne fallait pas *compromettre*
une jeune fille, mot terrible qui sent l'engagement, la
mauvaise affaire, les procès; l'enfant illégitime était la
première des maladies honteuses. Pas de quoi rire. Le
piège était partout; sous chaque invitation, dans la
moindre promenade le corps féminin offrait ses trébu-
chets; les appas, des appâts; au bas de la pente des
cuisses, si douce à descendre, le cornet à glu.

Je vois encore mon condisciple Robert D., à cheval
sur un des lions de porphyre de la place Saint-Marc,
me raconter comment il vient de l'échapper belle :

« Je l'ai rencontrée hier, devant un des Bellini de
l'Académie; je sème la mère et la sœur. Rendez-vous
pour ce matin. Je vais la chercher au *Danieli*.

« — Mademoiselle n'est pas tout à fait prête; elle
vous prie de monter...

« Je la trouve habillée, grand chapeau à cerises,
ombrelle en broderie anglaise, tulle au cou. Mon cher,
imaginez la chambre à coucher, avec son odeur de lit
froissé, de café froid, de savon tiède... Je m'assieds
près d'elle...

— Sur le sofa?

— Bien pire! Sur la courtepointe... La tête me
tourne. Je commence à balbutier : " Votre mère pourrait entrer... " Impossible de finir ma phrase, je n'en

pouvais plus; chaque seconde me faisait descendre au
fond du sac.

— Que peut faire l'affluent en face du fleuve, sinon
se perdre? Vous voilà fiancé, félicitations.

— ... Ses bras s'arrondissaient autour de mon cou,
comme une alliance autour de ce doigt; ses menottes...

— ... Des menottes?

— Sa poitrine se soulevait contre la mienne; son
ventre prenait une étrange vie autonome, convulsive,
comme dans l'accouchement...

— Vous brûlez les étapes!

— La sœur aînée entre, avec un drôle d'air, où il
y avait tout, de l'envie, du dégoût, de la complicité...
de tout, sauf de naturel... C'est alors que sous le pont
de la Paille, par la fenêtre ouverte, je vois un gondolier
passer; il crie *Oï!* Vous savez ce que ça veut dire, en
langage gondolier : *attention!* Ça n'est pas tombé
dans l'oreille d'un sourd. »

A écouter Robert D., je me jurai de n'être jamais
qu'un amant.

Vis-à-vis des femmes mariées, ma timidité était
extrême; si l'initiative venait d'elles, les soupirs de
ma mère se faisaient lourds, ses prières plus fréquentes.
Cela aussi, maintenant, donne à rire; à chaque âge ses
malédictions.

Bagués et roucoulants comme les pigeons de Saint-
Marc passaient les pédérastes; Venise, « cité contre
nature » *(Chateaubriand)*, les avait toujours accueillis;

j'y voyais l'un deux, célèbre par un récent procès, tel que nous nous le montrions du doigt, à la sortie de Carnot, ce fameux Fersen qui venait de publier un poème sur Venise, *Notre-Dame des Cendres*. « Je ne serre pas la main à un pédéraste », disait mon père (sans se douter qu'il ne faisait que ça toute la journée). « Encore un de ces chevaliers de la manchette », ajoutait-il (on les reconnaissait, à cette époque, au mouchoir qui leur sortait de la manche). Les invertis, « cette partie réprouvée de la collectivité humaine » comme dit une lettre inédite de Proust, formaient une société secrète; on ne saurait comprendre le *Temps perdu* si l'on oublie que Sodome représentait alors une malédiction. Même à Venise la pédérastie n'était que le plus discret des beaux-arts.

Une toile sous un bras, la boîte à couleurs sous l'autre, le chevalet au dos, tradition de Monsieur Courbet, mon père passait l'eau, s'installait sur les marches de la Salute, en face du cloître San Gregorio; jeune homme, il avait loué ce cloître, aujourd'hui luxueux pied-à-terre d'un Américain, mais à cette époque, en ruine; il passait le pouce dans sa palette, grattait son couteau sur le crépi des murs. Tous les peintres ont aimé la Salute, basilique votive; Guardi, Canaletto, les romantiques, les impressionnistes n'ont jamais résisté à la courbe de ses volutes déroulées comme des vagues prêtes à crouler, séduits par les jeux du soleil autour d'une coupole gris-vert dont la sphère permet toutes les nuances des couleurs rompues.

Les Français de Venise se retrouvaient sur la place

Saint-Marc, après leur dîner dans une modeste pension, ou dans une princière salle à manger, heureux d'échapper à quelque hôtesse titrée; certains venaient du palais Dario, « penché comme une courtisane sous le poids de ses colliers » (on adorait D'Annunzio!); d'autres du palais Polignac, ou celui de la Mula, apportant de chez la comtesse Morosini (qui osait se coiffer d'un bonnet de doge) les dernières nouvelles de la Cour de Berlin dont la Mula était la caisse de résonance. Nous prenions des *granites*, de la glace pilée au café, en compagnie de Mariano Fortuny, fils du Meissonier espagnol, devenu Vénitien d'adoption, du peintre d'intérieurs Francis Lobre et de sa femme, médecin d'Anna de Noailles (alors un titre de gloire), du décorateur Drésa, de Rouché, pas encore le maître de l'Opéra, directeur de cette *Grande Revue* où débutaient Maxime Dethomas et Giraudoux; d'André Doderet qui à force de traduire D'Annunzio avait fini par lui ressembler; se joignaient à nous quelques fonctionnaires des Beaux-Arts, collègues de mon père : Roujon, Havard, Henry Marcel (père de Gabriel), directeur des Beaux-Arts, les frères Baschet, Roger Marx (père de Claude).

C'étaient là de vraies personnes, pas des vedettes internationales comme ceux qui occuperaient Venise plus tard, au temps des Ballets russes; ce cercle de familiers était discret, comme les Français de ce temps-là; hommes extrêmement difficiles, encyclopédiques, sachant tout peser, du goût le plus sûr, modestes à l'excès, répugnant aux modes, d'un accent inimitable, et à qui « on ne la faisait pas ». Aucun d'eux n'était voyant, ne calottait les bouteilles de champagne, ne circulait sur la lagune en faisant des vagues; pas de liaisons; les colliers de leurs épouses étaient en verre de Murano.

Ils haïssaient le commerce, à Venise plus qu'ailleurs; l'image en était l'affreux magasin Salviati, aux mille lustres éclairés en plein jour, qui enlaidit aujourd'hui encore le Grand Canal. Ils possédaient quelques dessins de maîtres, non des tableaux (pas les moyens); ce n'étaient pas des théoriciens, pas des intellectuels, leurs mots ne finissaient pas en *isme;* on allongerait la liste de ce qu'ils n'étaient pas, ne disaient ou ne faisaient pas, et pourtant ils ne ressemblaient à personne; contrairement aux gens du monde ils ne parlaient pas pour ne rien dire; je voyais admirer hier, comme une étrangeté, l'indépendance d'esprit d'un Léautaud; chacun de ces savoureux bonshommes de ma jeunesse, par le franc-parler, par la culture, par l'indépendance, était un Léautaud; ils m'apparaissaient comme très ordinaires, faute de points de repère; aujourd'hui je comprends qu'ils étaient plus que la Culture, la Civilisation.

Ils ne savaient peut-être pas ce qu'ils voulaient, mais très exactement ce qu'ils ne voulaient pas; ils eussent absous un Ravachol; mais des *mufles* (c'était leur mot) jamais; comme Jules Renard ils avaient des dégoûts très sûrs. Aucun d'eux n'était médiocre (je ne devais découvrir la médiocrité que plus tard, dans l'Administration). Leurs propos formaient une sorte de *santa conversazione.* Je revois leur air de famille : alpaga noir, canotier de bambou noir, gants de fil

gris, l'été cravate de piqué blanc, l'hiver, des lavallières
en crêpe de Chine noir; chemise empesée, col et
manchettes attenants; les *vaporetti*, ils les appelaient
hirondelles, ou *pyroscaphes*, ou *mouches;* par économie, ils allaient lire leur *Figaro* au cabinet de la fondation Querini-Stampalia; ils ne pardonnaient pas aux
architectes de Napoléon la destruction de l'exquise
église San Giminiano par Sansovino, à l'entrée des Procuraties; rouges de fureur contre ce Palladio qui avait
voulu démolir Saint-Marc, pour le remplacer par un
temple néo-classique.

Pour eux, la politique n'existait pas. Quelle était
loin, déjà, l'affaire Dreyfus... La politique, cela avait
disparu, depuis Loubet (1900); on ne devait la revoir
qu'en 1936. Pour eux, Barrès restait l'anarchiste de
ses premiers romans et Maurras, rien qu'un poète;
Boulanger, Dreyfus, Déroulède, des champions d'un
sport désuet, la politique. A peine eussent-ils pu nommer le président du Conseil de l'époque; leur Ancien
Régime, ce n'était ni Turgot ni l'abbé Terray, c'était
Gouthière, ou Gabriel; ils ne disaient pas : « La France
retrouva un empire colonial sous Vergennes », mais :
« On n'a plus jamais doré les bronzes comme sous
Louis XVI. » Les dynasties royales ne leur servaient
pas de points de repère; les règnes par lesquels ils
comptaient, c'étaient ceux de Goya, ou de Delacroix.
Leur Venise, c'était encore celle de 1850, celle de Théophile Gautier, la Salute et sa « population de statues »,
les écailles des mosaïques.

Je les retrouvais à table, à la maison, autour d'un

risotto exemplaire, crémeux de parmesan, ou devant un plat d'anguilles de la *Laguna morta*, grillées au bois, arrosées d'un beurre alliacé. Toujours souriant, ne riant jamais, mon père s'effaçait devant ses hôtes si colorés. Pour nos convives, le passé, c'était le présent; Armand Baschet, un des premiers casanoviens, annonçait la récente découverte de lettres de femmes, au château bohémien de Dux : « On croyait Casanova vantard? Il a à peine dit toute la vérité! » Casanova, c'était pour moi comme un oncle qui a mal tourné. Camille Mauclair arrivait pour le café; on disputait pour savoir quel appartement Musset avait occupé au *Danieli*, ex-*Albergo reale;* était-ce le numéro treize, comme le prétend Louise Colet, ou les deux pièces dont parle Pagello? L'émotion renchérissait sur la culture : le Palais des Doges, soit, mais ne fallait-il pas regretter l'ancien palais, le byzantin, avec son pont-levis, ses tours de guet de l'an mille, au bord d'une piazzetta alors un port? Certes les ponts vénitiens à balustres de marbre sont charmants, mais qu'on imagine ceux qui les précédaient, sans garde-fou, en pente douce, où les procurateurs circulaient à cheval, laissant ensuite leurs montures manger le foin au pont de la Paille. Nos amis ainsi remontaient vers le passé, vers plus d'oxygène, comme la truite saute les barrages, vers l'amont.

Le peintre Toché, personnage resté très Mac-Mahon, sonnait chez nous à l'heure de la *grappa;* il continuait à peindre à fresque, comme l'on peignait à Venise, trois siècles auparavant; Toché était célèbre pour avoir décoré *a tempera* le Chabanais; il avait travaillé un an, sans

sortir de cette maison close célèbre pour sa chambre
d'Édouard VII, traitant à table ouverte tout Paris dans
ce mauvais lieu (aux Beaux-Arts, les élèves appelaient
Toché : Pubis de Chabanais); bel homme, il avait séduit
la propriétaire de Chenonceaux, lui faisant donner des
fêtes vénitiennes où erraient des gondoles amenées de la
piazzetta, qu'Emilio Terry, le propriétaire suivant, se
rappelait encore avoir vues, dans sa jeunesse, pourrir
sous les arches du Cher. « Je ne peins que la nuit, disait
Toché; le jour, Venise, je la laisse à Ziem! » Après
quoi, il redescendait notre escalier en fredonnant
quelque *Ombra adorata* de Crescentini (comme le chanteur Genovese, dans son *ut* cher à Balzac), en frisant
une moustache de reître à la Roybet.

Pareil à ces doges dont il portait la robe de velours
frappé, lors de ces bals persans qui faisaient fureur à
Paris, Mariano Fortuny, en sortant de son atelier, nous
invitait chez sa mère, vis-à-vis du palais minia-
ture loué par Réjane; Mme Fortuny nous offrait des
goûters dignes du Parmesan; sa table recouverte en
point de Venise était un véritable marché aux fruits,
pêches sur des plats de cuivre repoussé, alternant avec
des falbalas de pâte dorée et rubanée, saupoudrée de
sucre farine, dont j'ai oublié le nom vénitien. Proust
y avait été reçu, huit ans plus tôt; il avait connu
Fortuny; plus tard il devait offrir beaucoup des robes
de cet artiste à la Prisonnière; elles sont entrées dans
la légende proustienne.

Parfois, un des élèves de mon père, invité par lui,
venait de Paris nous rejoindre, accueilli chez leur

maître comme sous la Renaissance; c'était la tradition de Lecoq de Boisbaudran, auquel mon père avait succédé aux Arts Décoratifs, où le bureau directorial à boiseries Louis XV s'ornait du portrait de Van Loo, premier patron de l'École Royale de dessin fondée en 1765 par Bachelier, protégé de la Pompadour; race disparue de fonctionnaires à monocle ne mettant jamais les pieds à la Direction des Beaux-Arts, indifférents aux honneurs, indépendants d'esprit, de goûts avancés, se moquant des Prix de Rome, des médailles de jury, hostiles à l'Institut; pour le Quai Malaquais, Lecoq était « le maître maudit » et les Arts Décoratifs l'asile des talents avancés et déments; Boisbaudran avait eu comme élèves Renoir, Rodin, Monet, Degas, Fantin; mon père : Segonzac, Brianchon, Oudot, Legueult. Cela suffit à la mémoire de ces deux hommes.

Mon père avait le physique de Mallarmé : même profil altier, même barbe en fine pointe; il n'arborait ni rosette ni cravate; « la rose, oui, la rosette, non », répétait-il, quoique, dans son *Journal*, Jules Renard s'indigne qu'on lui ait enlevé, dans une promotion, sa croix, pour la donner à mon père. Il était d'une courtoisie un peu défensive, d'une modestie absurde, contraint, doutant de soi, n'admirant qu'autrui; sa vie s'est passée à déchirer ses manuscrits et à repeindre ses toiles; Mallarmé lui ayant dit : « Écrire, c'est déjà mettre du noir sur du blanc », il n'écrivit plus; mis à la tête d'une grande école, son premier mot fut : « Je vais enfin pouvoir apprendre. »

Entre les cafés Quadri et Florian toute une société

européenne vivait à Venise ses heures dernières. Et pas
seulement des Français. François-Joseph, le vieil arbre
de la forêt, allait tout ensevelir dans sa chute. Les sei-
gneurs autrichiens descendaient à Venise en attendant
le rut du cerf, avant de reprendre le chemin du nord
vers leur douzaine de châteaux en Styrie ou au Tyrol;
habillés en *jäger*, chapeaux vert mousse sur un crâne
de lièvre, cape de loden, ils laissaient un sillage de cuir
de Russie, de magnolia des Borromées, qu'imitait de
son mieux Pivert, le parfumeur de Napoléon III, dont
les enfants étaient nos amis. Ces Autrichiens, Czernin,
Palffy, ou Festetics, en *reisekostüm*, fournissaient
ses derniers étalons à l'Europe titrée : Rocksavage,
Howard de Walden, Westminster, à Londres; Beau-
vau ou Quinsonas en France; Florio ou Villarosa en
Italie prenaient patron sur eux, s'efforçaient de les
égaler en indolence, en distinction, en séduction. On
n'entendait sous les Procuraties que des : « J'arrive de
Pommersfelden, de Caprarola, d'Arenenberg, de Knole,
de Stupinigi, de Huistenbosch, de Kedelston... » L'Au-
triche-Hongrie, pas une nation, mais dix; c'était la
fleur de l'Europe; l'Angleterre, avec ses lords mariés
depuis quatre siècles à des filles de marchands de charbon, n'alignait pas le dixième des quartiers de noblesse
autrichienne; l'Allemagne bismarckienne enrichie par
les grands Israélites qui faisaient sa fortune, l'Italie
encore tremblante devant l'ombre de Rakowsky, les
Balkans venant à Vienne prendre mesure sur ce que
Norpois eût appelé « les favorisés du Salon bleu »
n'avaient d'yeux que pour l'Autriche; Venise vivait

sous les projecteurs des blancs paquebots du Lloyd
autrichien, maîtres de l'Adriatique, et c'est Strauss
dont on bissait encore les airs, le soir, lorsque nous
arpentions le quadrangle de Saint-Marc. Ces Autrichiens, Venise était presque leur, par la Triplice, par
l'alliance de l'Italie avec Vienne et Berlin. Bonaparte,
à Campo Formio, le premier, n'avait-il pas fait à l'Autriche cadeau de Venise, malgré les instructions du
Directoire?

1909.

A l'automne de 1909, je quittai Venise, la rage au cœur, emportant au régiment un ancien guide du XVIIIe siècle, *Les Délices de l'Italie,* par Rogissart, dont les planches sur acier offrent l'image d'une Venise presque déserte, où, cachés dans l'angle des *campi,* quelques rares masques donnent l'échelle. Même quand j'étais aux tirs de guerre, à l'embouchure de l'Orne, je ne pensais qu'à celle de la Brenta.

Après quelque service en campagne, réfugié dans un vieil hôtel de la rue de l'Engannerie où j'avais loué une chambre de pioupiou, je commençais à écrire un drame vénitien dont les *Lettres à Sophie Volland* m'avaient donné l'idée : sous peine de mort il était interdit aux sénateurs de la Sérénissime de fréquenter le corps des représentants étrangers; un sénateur amoureux n'avait d'autre moyen pour rejoindre sa belle que de traverser l'hôtel de l'ambassadeur de France; surpris, dénoncé, mon héros préférait la décollation à l'aveu d'un secret galant; romantisme pas mort...

J'avais accroché au-dessus de mon lit la première carte du monde, 1457, une reproduction du planisphère de Fra Mauro, et le plan de Venise établi en 1500 par Jacopo Barbari. Mon cœur était resté à Venise. J'enviais mes compagnons d'Oxford d'y pouvoir retourner sans moi; je comparais mon sort au leur; la Manche leur épargnait cet impôt du sang de deux ans; une guerre européenne n'était-elle pas impensable? Tous les mouvements de l'esprit m'entraînaient de la caserne hors frontières; je lisais le *Times*, ou *Les Conversations avec Eckermann* à la chambrée, après l'appel, à la lueur d'une bougie fichée dans la baïonnette. A la bibliothèque de Caen, où je venais d'être affecté comme auxiliaire, je me jetais sur les anciens voyageurs en Italie; je faisais des trouvailles stupéfiantes; dans ma jeunesse, personne n'allait droit aux œuvres de qualité, il fallait les découvrir, les mériter; pas de Carpaccio en vente sur les calendriers d'Uniprix; aimer Giorgione ou Crivelli vous introduisait dans autant de petites sociétés secrètes; Antonello de Messine était une façon de mauvais lieu, dont les initiés se repassaient l'adresse.

Au lieu d'accepter virilement le sort commun à ceux de mon âge, je tournais le dos aux corvées, faisant le mur ou quittant la caserne dès l'aube pour ne pas avoir à obéir au clairon; me lever au tambour, m'arrêter pile au bruit du sifflet, m'étaient comme un coup de cravache à travers la figure.

Un peu de patience : l'antipathique jeune homme changera de peau; pas tout de suite; ce n'est qu'à la fin de sa vie qu'il ira à l'école; la façon d'atterrir dans une époque compte moins que celle dont on en sort; la vie est un travail lent, une opération à deux, le hasard et soi; c'est là ce qui donne son tour à l'ouvrage.

En attendant je ressemblais au Bouddha jeune à qui sa famille, jusqu'à la trentième année, cacha l'existence de la mort.

J'étais un très vieux monsieur, un peu madérisé, ravi de l'être.

Caen, 1910.

Le commandant Jaquet, aux Archives de la Préfecture, me faisait copier des listes de volontaires du Calvados en 1792; sous les dossiers, je cachais Fabert, Dupaty, De Brosses, La Lande, Amelot de La Houssaye, bref tous les amoureux de Venise. Sur papier à en-tête du Conseil général du Calvados, j'écrivais à des amis des lettres comme celle-ci, que j'ai retrouvée; on verra à quel degré Venise continuait à compter pour moi :

Des Archives de la Généralité.
Caen.
Ce jeudi 27e d'octobre 176...
J'avais reçu de toi, l'Abbé, une carte de Vicence, qui déjà m'indiquait que tu te rapprochais de Venise. Un coup d'œil sur le pli que me remit le vaguemestre du Royal Normandie, *mais aux armes de la République,*

*m'apprit que votre voyage était enfin terminé. Vîntes-vous
de Padoue en ligne droite, par le coche d'eau, ou vous
arrestâtes-vous à visiter quelques amis sur la Brenta?
J'appréhendais pour vous un désagréable séjour au lazaret, car il y a choléra dans le duché de Parme et en
Lombardie; je vois qu'il n'en fut rien. Vos hardes sont
chez Scomparini? Et vous-même?*

*Je crains, Abbé, que tu ne t'ennuies en diable en l'ab-
sence des deux gentildonne florentines que nous avions
accoutumé de caresser et baiser, l'an dernier?*

*Savez-vous qu'on retrouve dans Shakespeare cinquante
et une références à Venise, alors qu'il ne quitta jamais
l'Angleterre? C'est du moins ce qu'affirme H. F. Brown
dans ses* Studies in the History of Venice, *qu'il publia
l'année dernière, chez Murray.*

*Saïa vous envoie ses amitiés. Nous relisons souvent
ensemble les postures de l'Arétin, Mensius, Portier des
Chartreux. Faites-moi donc tenir par notre ami commun,
le Nonce, quelques pilules d'aphrodisiaque qui, dit Juvé-
nal :*

réveillent le désir comme avec la main.

*J'envie vos voyages; avec de l'orvieto, un casino discret
à Murano, une nonne aux seins fardés et une lettre de
change sur Milord Cook, il n'est point de tristes pensées
à Venise.*

*Adieu l'Abbé. Je me sens comme une envie de vendre
ma charge à l'armée et d'aller vous rejoindre par la
prochaine poste.*

P.-S. — Aimez-vous l'épigramme que je composai, dans le goût de Martial, sur Saïa, qui ne m'est point fidèle?

Candidior farina cutis,
Communior mola corpus.

« *Ta peau est plus blanche que farine*
Ton corps plus banal que le moulin. »

Est-ce latin?

(Fin 1910.)

Et cette autre lettre, toujours du genre escholier :

Des Archives.
Caen.
Ce jeudi 3ᵉ de novembre 1910.
Mon cher ami,
Vous êtes vraiment l'honneur du clergé français et ultramontain; que l'abbé Galiani s'incline, il a un maître! Vous êtes piquant, grondeur, graveleux, obscène jamais, même quand vous évoquez les amours du Nonce, « à médaille tournée ». La Morosine est-elle sensible à vos signaux? Que ne la regardez-vous à la longue-vue, comme faisait lord Queensburry, de sa fenêtre de Piccadilly?
J'ai lu beaucoup tous ces temps-ci : le Journal d'Amiel, La Femme italienne sous la Renaissance *de Rodocanachi; des lettres de Pline, le* Songe de Polyphile, *dans une belle édition de 1599, les* Mémoires de la Princesse Pala-

tine, le Vinci *de Müntz, etc. On dit grand bien de* La
Robe de laine *d'Henry Bordeaux, à son sujet on a même
évoqué la* Bovary.

Mercredi 21 juin 1911.

Une autre lettre, datée de Caen, 36ᵉ d'infanterie,
contient ce cri enfantin : « *Ma liberté, n. de D.! J'ai la
nostalgie de l'univers, j'ai le mal de tous les pays!* »

1911.

Pour me rappeler Venise je n'eus, cette année-là,
à me mettre sous la dent que les fameuses inonda-
tions parisiennes du printemps; en permission, j'allais
canoter de Saint-Germain-des-Prés au Champ-de-Mars,
par la rue de l'Université.

Maître Corvo.

Au moment où je quittais Venise venait d'y débarquer le plus excentrique des Anglais, cet étrange
Corvo dont l'existence ne me fut révélée que quarante
ans plus tard. J'aurai, hélas, manqué de peu les plus
inexplicables insulaires de ce temps, T. E. Lawrence et
Corvo; en 1917, Georges-Picot, haut-commissaire
français en une Terre Sainte non encore reprise au

Turc, m'avait offert de l'accompagner au siège de
Jérusalem : cela m'aurait valu de vivre plus d'une
année près du colonel Lawrence; je refusai le poste.

Je reste non moins inconsolable de n'avoir pas connu
Rolfe, « baron Corvo » au cours de cet été 1909 où nous
étions l'un et l'autre à Venise; Shane Leslie, le poète,
qui composa l'épitaphe de Corvo, et avec qui j'entrete-
nais des rapports d'amitié, eût pu nous mettre en rela-
tion. «Corvo», pourquoi ce *nevermore?* Par romantisme?
Rolfe avait toujours aimé le blason; séminariste, il se
composait des armes, imaginait des bannières, arrivait
au réfectoire un corbeau empaillé sur l'épaule. Corvo,
mélange de Léon Bloy et de Genet, de Max Jacob et
de Maurice Sachs. Une vie de solitude et de pauvreté, un
caractère instable, excentrique, procédurier, méchant,
vicieux, vindicatif; doué pour tous les arts; fâché
avec tous ses amis; tireur d'horoscopes, épris du
passé de l'Église, de la Renaissance; adorant les
fastes catholiques, sans vocation de prêtrise, chassé de
tous les collèges, des prébendes, des salons, des asiles;
décevant, trompant aussi bien le cardinal Vaughan
que Hugh Benson, ces hautes autorités catholiques
anglaises, d'abord séduites, vite excédées.

A. J. A. Symons, dans sa fameuse *Quest for Corvo*,
enquête posthume menée auprès de tous ceux qui
avaient connu le personnage, nous retrace sa vie, depuis
le séminaire jusqu'à Venise. Maître Corvo ne devait
pas trouver à se percher dans cette ville sans arbres.
En cet été 1909, Corvo logeait à l'hôtel Bellevue, aux
frais d'un ami, le professeur Dawkins.

Membre du club nautique du *Bucentaure*, Corvo avait même appris à mener une gondole, art fort difficile où je n'ai vu exceller qu'une femme, Winnaretta de P., car le fer mal dirigé risque, ainsi que le dit le Président De Brosses, de couper des têtes « comme un navet »; ou de fendre celle du gondolier, sous un pont. Corvo, quand il tombait à l'eau, continuait de fumer sa pipe, comme Byron, quand il faisait la planche au milieu du Grand Canal, gardait son cigare à la bouche, pour (disait-il) « ne pas perdre de vue les étoiles »; son valet de chambre suivait, en gondole, les habits de son maître sur le bras.

Corvo, auteur du prestigieux *Hadrien VII*, qui date de 1904, et qui ne connut le succès qu'après la guerre — en attendant d'être ressuscité sur la scène —, nous a laissé, de sa rencontre avec Venise, une lettre aussi belle qu'une page des *Confessions* : une nuit blanche, sur la lagune. Voici Corvo, sous les étoiles, accompagné de ses deux gondoliers, sur les genoux desquels il rêve : « Un monde crépusculaire fait d'un ciel sans nuages, d'une mer sans rides, où tout est mauve, lavande, héliotrope, tiède, liquide, limpide, coupé de bandes de cuivre bronzé serti d'émeraudes, allant se fondre dans le bleu insondable d'yeux de paons rouans. »

Tout à fait les :

Gilding pale streams with heavenly alchemy

du XXXIIIe sonnet shakespearien.

Chateaubriand a écrit que « personne n'est entré dans
les habitudes des gondoliers »; cela était réservé à
Corvo, tel qu'il se présente, se vengeant de ceux qui
lui ont barré le chemin du sacerdoce, refusant les honneurs tout en les désirant, s'imaginant assis sur un
trône pontifical d'où il pourra cracher sur le Monde
noir; on croit voir, chassé de toutes les auberges, pro-
menant ses hardes au fond de sa barque dans un
panier à linge sale, ce Corvo frappant à toutes portes,
toujours au bord du suicide, écrivant à fleur d'eau, en
plein hiver, sur un cahier géant, ses fameuses *Lettres
à Millard* que personne ne pourra jamais lire, un
Corvo ayant lassé la charité de la colonie britannique
dont il est la honte, privé par l'hiver de sa clientèle
d'Anglais riches à qui il offrait quelques-uns des petits
va-nu-pieds qui, médusés d'admiration, lui faisaient cor-
tège, avant de s'en aller, premier hippie, dormir au
Lido, couché à même le sable, sans force contre l'assaut
des rats et des crabes...

1913-1970.
Little Venice.

Venise, je ne la retrouvais à Londres que dans ce
quartier au nord de la gare de Paddington qui n'était
pas encore recherché, comme il l'est actuellement [1], des

1. 1970.

artistes, qui l'ont surnommé *La Petite Venise*. Au
bout d'Edgware Road, interminable avenue longue de
sept kilomètres qui va de Marble Arch à Maida Vale,
passe une triste voie d'eau, le Grand Union Canal,
reliant la Tamise à Birmingham. Jadis, c'était la
campagne; la célèbre Mrs. Siddons y dort loin de la
scène son dernier sommeil; Hogarth s'est marié à
St Mary's Church, sous cet arbre les Browing se sont
fiancés. Le Regent's Park a été prolongé par Nash,
lorsque à la fin des guerres napoléoniennes il dessina,
pour la plus grande gloire de George IV, ce jardin
et ces nobles demeures néo-classiques; promoteur du
nouveau canal, il le planta d'arbres, l'orna de quelques
adorables temples couleur ivoire, à l'huisserie noire;
au bord des quais ils ont survécu aux bombes et à
la pioche.

J'allais souvent prendre le frais à Blomfield Road
sous les platanes centenaires qui abritaient de rares
chalands. Personne ne s'aventurait si loin.

Aujourd'hui[1] les péniches, coches d'eau (dont le *Jason*,
qui promène les enfants du Zoo) et yachts de rivière
s'alignent sous les saules, dans un vol de mouettes :
on y voit même à l'ancre un *Bucintoro*, avec galerie de
tableaux flottante. Les navigateurs amateurs viennent,
l'été, coucher à bord, allant chercher pitance dans des
Ristorante Canaletto, des *Trattoria Adriatica*, où des
négresses fournissent aux campeurs des plats chinois à
emporter; l'eau est écrasée de silence, l'air respirable

1. 1970.

n'est déjà plus celui de Londres, les *water-buses* qui sillonnaient il y a un siècle et demi la route de Limehouse, sur la Tamise, ne passent plus par les écluses de briques verdâtres; *Little Venice* reste un des derniers coins secrets de Londres. Il fait patienter ceux qui attendent de s'envoler vers la lagune [1].

---

1. Contrairement à Paris, Londres toute l'année a des avions directs pour Venise.

1914.

Français habitant l'Angleterre, je continuais à me rêver
vénitien. A Londres, Paul Cambon louchait sur les
rideaux orange et noir de ma fenêtre de l'ambassade,
qu'on eût dits peints par Bakst; « une idée de mon
attaché cubiste », soupirait-il.

Je retrouve une lettre écrite de Londres, à ma mère,
à la veille de la guerre, le 11 juillet 1914 :

« *Nous eûmes hier soir une fête Longhi du plus bel
effet, chez une Mrs. C. Sur la terrasse, au sommet du
toit, en pleine ville, on avait aménagé une pièce d'eau
où évoluaient des gondoles. Ce lac était enguirlandé de
merveilleuses lampes japonaises, comme de grosses oranges
lumineuses; un pont en dos d'âne le traversait, orangé
lui aussi, et biscornu, vrai Rialto de Yokohama, rap-
porté par quelque Marco Polo. Salle à manger rococo
vénitien, peinte par J.-M. Sert, dans le goût de son décor
or et argent du ballet de* Joseph *que Diaghilev vient*

de présenter à Covent Garden. Grande table de cent cou-
verts, en fer à cheval; chaque convive avait devant soi
un plat d'argent et une bougie : faisans et paons emplu-
més, comme pièces montées; nappe en toile d'or; au centre
du fer à cheval un tapis de peaux d'ours blancs, où évo-
luaient almées et jongleurs. La livrée était en maillots
sombres, à large collerette blanche. Tout le monde portait
la bauta, *par-dessus le long manteau Longhi; masque*
et tricorne obligatoires. J'avais revêtu le cafetan d'un
Turc du quai des Esclavons. Le baron de Meyer (le
meilleur photographe de notre époque) était en habit
Louis XV, lamé d'or, perruque d'argent, et une bauta
en point de Venise noir. C'était la première fois que je
voyais à Londres un spectacle privé de goût audacieux,
et pareil faste. Comme société, on était sur les confins
du vrai monde. »

J'avais découvert Londres en 1902 ou 1903; les
dernières troupes, démobilisées après la guerre des
Boers, revenaient peu à peu d'Afrique du Sud : *by
Jingo*, quelle fière conquête du monde!

Puisque ma pensée flâneuse m'entraîne une fois encore
à Londres, je vais faire un détour, à travers temps et
espace. D'ailleurs Londres était alors la Venise de l'univers. Les petits omnibus coloriés de réclames se suivaient sans interruption; on montait même sous la
pluie, à l'impériale, les jambes entourées de couver-
tures de cheval, doublées de toile cirée noire. Les *cab-
bies*, les cochers de cabs, ces "gondoles de Londres",
disait Disraeli, arboraient un œillet rose à la bouton-

nière de leur pardessus mastic, à boutons de nacre.
On m'apprenait qu'en accompagnant une dame, il me
fallait lui offrir la main gauche pour l'aider à monter
sur le haut marchepied du cabriolet, tandis que le
bras droit s'interposerait entre sa robe et la haute roue
du cab, contre la boue; le cheval s'envolait, ne pesait
pas plus que la proue d'une gondole, à croire que
l'avant-main ne retrouverait plus jamais le macadam.
Leicester Square était alors le centre des music-halls,
endroit de perdition, interdit aux moins de quinze ans.
Les dames n'entraient pas dans les pubs, où n'avaient
accès que les femmes de ménage, les marchandes des
quatre-saisons et, la nuit tombée, les filles. Autour de
Covent Garden, les pyramides de légumes et de fruits,
jusqu'à l'Opéra, où les marchands de fleurs offraient aux
messieurs en habit, comme dans *Pygmalion*, quelques
boutonnières de gardénia. Sur le trottoir mouillé, les
ménestrels barbouillés de suie jouaient d'un instrument
tout nouveau, le banjo; on eût pu se croire au Fon-
daco dei Turchi près du Rialto.

On m'emmenait aux pantomimes de Drury Lane, ce
Châtelet londonien; ou à la *Chambre des horreurs*, chez
Mme Tussaud, le *Grévin* anglais, ou au Robert Hou-
din de l'époque, le *Théâtre Maskelyne*. C'était l'âge des
grands acteurs édouardiens, il y en avait alors une
bonne douzaine, Irving, Beerbohm Tree (mon père
écrivit pour Tree un drame socialisant, qui se passait
dans les soufrières de Sicile, que Tree ne joua jamais),
Charles Wyndham, George Alexander. Frank Harris
me racontait sa dernière visite à Maupassant, un Mau-

passant hôte du docteur Blanche, devenu une bête et marchant à quatre pattes. Tous ces messieurs portaient le huit-reflets, la redingote; le soir jamais la cravate noire, mais l'habit, pas avec gilet blanc, avec le gilet noir, et le chapeau haut de forme claque, *opera hat*, vendu par la chapellerie *Gibus*, près de Trafalgar Square.

Dans la City, on entendait beaucoup parler allemand, les grandes fortunes anglaises se faisaient en Orient, en Afrique du Sud, dans les premiers pétroles russes, dans cette Amérique du Sud arrachée cent ans plus tôt aux Espagnols, inépuisable source de richesses qui devait durer jusqu'en 1914, comme celles de Venise durèrent jusqu'à Christophe Colomb.

C'était l'heure de l'empire de Kipling, de la science-fiction de Wells; la silhouette d'Oscar Wilde, avec un œillet vert au revers de la redingote grise, sa poitrine remontant par-dessus le gilet, venait de disparaître de Burlington Arcade *(Cavendo tutus);* mon père avait suivi son enterrement, jusqu'au cimetière de Bagneux. A la place favorite d'O.W., au *Café Royal*, ce *Florian* londonien qui était, à l'origine, le café des réfugiés français de la Commune, régnaient les grands chanteurs italiens pilotés par Isidore de Lara : la Tettrazini, la Melba, Caruso. Sherlock Holmes venait de faire son apparition avec *Le Chien des Baskerville*, traduit en feuilleton dans *Le Temps*. L'homme le plus fort du monde, Sandow, étalait son torse boursouflé sur des affiches de Regent Street et de Piccadilly. Les gares étaient couvertes de réclames, *Stephens'Ink*, avec de grandes éclaboussures d'encre

bleue, qui déjà préfiguraient la peinture abstraite.
Devonshire House, à côté du nouveau Ritz, c'était
encore un château de briques, en plein Londres. Le
Bicycle made for two se chantonnait aux régates d'Hen-
ley. Les opérettes de Gilbert et Sullivan triomphaient
au *Savoy* : la *Geisha* ou le *Mikado*. Sickert et les peintres
de la colonie anglaise revenaient de Dieppe, patronnés
par George Moore ou par Jacques-Émile Blanche, Sar-
gent et Lazló étaient les illustrateurs des grandes beautés
édouardiennes ou rooseveltiennes. Chez la princesse Alice
de Monaco, chez Lady Brooke, *ranee* de Sarawak, où mon
père m'avait introduit, Loti, Bourget et Maupassant
avaient eu, à Paris, leur couvert mis pendant dix ou
quinze ans; j'y eus le mien à Londres ou à Ascot pendant
huit autres années, de 1908 à 1916. On y voyait, à table,
le maître d'hôtel au garde-à-vous derrière sa maîtresse,
ne servant qu'elle, et derrière chaque invité un valet,
perruque passée au blanc d'Espagne. Même spectacle sur
le yacht *Princesse Alice*, qui parfois, de Madère ou de
Monaco, venait mouiller devant Saint-Marc : la gouver-
nante en noir des pieds à la tête, la première femme
de chambre en chapeau et voilette, le valet privé en
jaquette, les filles de cuisine en tablier à barrette, les
maids, pour le service de salon, avec bonnet de dentelle,
les filles de chambre en soie noire, les blanchisseuses en
toile blanche, comme dans les romans de Mrs. Humphrey
Ward. C'était l'époque des *conversationists*, des *racon-
teurs*, des *bons viveurs* du grill du *Savoy* ou du *Carlton*.
    Après ce détour londonien, revenons à Venise.

1913.

Venise était devenue la ville la plus brillante d'Europe, une sorte de prolongement estival des Ballets russes; même origine, l'Orient. Diaghilev s'y laissait traîner par ses favoris, y traînait ses favorites toujours prêtes à le sortir de situations financières si désespérées qu'à vingt heures il n'était jamais certain de voir, une heure plus tard, se lever le rideau de ses spectacles. Que de fois, ai-je entendu ses riches admiratrices se lever de table : « Serge m'appelle au téléphone; il lui sera impossible de jouer ce soir, personne n'est payé. » A Londres, Cavendish Square, je voyais le chef d'orchestre Beecham, le futur Sir Thomas courir chez Sir Joseph, son père, et en rapporter les fonds; Emerald en était quitte pour la peur.

La Palova ouvrait un cours de danse; le grand-duc Michel recevait le dimanche, à Kenwood, Oxford éduquait la jeunesse russe, de Yousoupoff à Obolensky.

1913.

Je ne respirais plus Venise que par personnes inter-
posées.

Dès octobre, je voyais revenir en Angleterre mes danseuses londoniennes, ravies d'avoir pu approcher, sur
la place Saint-Marc, Nijinski ou Fokine; elles les appelaient déjà par leur prénom. Elles rapportaient des
dépouilles opimes, ayant détroussé Venise, cette grande
détrousseuse, vidé la Merceria de ses derniers velours
à grenades d'or, de ses cabinets de laque verte, de ses
verreries. Je pense encore à elles, comme à des jeunes
filles, oubliant que mes danseuses sont ou seraient octogé-
naires : l'une est morte d'une vie éparpillée, trop fragile
pour les alcools du surréalisme et pour les beaux Noirs;
c'était la plus pure, la plus altérée de vie; une autre, la
plus belle, a tout connu, les triomphes de la scène et
du monde, la fièvre des heures historiques, l'ambassade
la plus en vue; le Temps semble s'être cassé les dents
sur le marbre de cette statue...; une troisième vécut un

long feu de joie, puis tomba dans l'encrier, où elle est
encore à écrire ses mémoires; la quatrième, la plus
pauvre, voyant finir sa jeunesse, dépensa sa dernière
guinée pour louer la robe d'une soirée; à cette soirée
elle allait faire connaissance d'un magnat sud-africain,
qui l'épousa et fit son bonheur.

1914.

A Venise, la petite société française de ma jeunesse
était devenue un cénacle littéraire. « Voici le salon
Muhlfeld », disait-on, sur la place Saint-Marc, en aper-
cevant Henri de Régnier. De lui je possède bien des
livres dédicacés à mon père, je raffolais de *La Cité des
eaux*, je goûtais ses *Esquisses vénitiennes*, sans me
douter que quelques années plus tard Henri de Régnier
apporterait au *Mercure* ma première nouvelle. Il
logeait au palais Dario, chez une de nos compatriotes;
derrière son fier profil apparaissaient Edmond Jaloux,
Vaudoyer, Charles du Bos, Abel Bonnard, Émile
Henriot, les frères Julien et Fernand Ochsé, qui
avaient installé à Neuilly (Cocteau l'affirmait), dans
une salle à manger Second Empire, le cercueil de leur
mère. Je leur trouvais un air de famille; on les imaginait dansant une farandole sur quelque *rialto* bossu,
en bois goudronné, comme dans le *Miracle de la Vraie
Croix*, un pont reliant Paris à Venise, les conduisant de la
Fenice au nouveau Théâtre des Champs-Élysées, inau-

guré, la veille, par Astruc. Je les nommais, à part moi, les
LONGUES MOUSTACHES; moustaches où l'on eût pu épiler
à la loupe quelques touffes de Vercingétorix, quelques
poils de Barbey d'Aurevilly, deux ou trois des GARÇONS
de Flaubert, et un dernier, arraché au Lion de Saint-
Marc. Venise était La Mecque de ces délicats. Jaloux y
apportait son accent marseillais, Marsan ses cigares,
Miomandre son érudition dansante, Henri Gonse son
savoir bourru, Henri de Régnier sa silhouette de peu-
plier défeuillé par l'automne; homme exquis, où
l'humour surveillait l'amour, ses courbes se contra-
riant en un ressac de contre-courbes, comme dans les
bois dorés ou les stucs d'un rococo vénitien.

Tous se ralliaient au fameux cri de guerre de leur maître
Henri de Régnier : « Vivre avilit », poursuivant un rêve
walpolesque, byronien, beckfordien; princes de Ligne
désabusés, d'une douceur sévère, avec des mots à la
Rivarol, vite ennuyés, vite agacés, chevaleresques, irri-
tés par tout ce que la vie leur refusait; ils se retrouvaient
au *Florian* devant une peinture sous verre, « sous le
Chinois », comme ils disaient; ils collectionnaient les
« bibelots », mot qui aujourd'hui n'a plus de sens, écri-
toires de laque, miroirs gravés ou cannes de jaspe.

Ils se repassaient les bonnes adresses : pour les den-
telles en point de Venise, pour les chasubles, pour les
étoles; Jaloux y dépensait ses prix littéraires; le seul
riche, Gonse, s'était offert l'armoire dite du cardinal
Dubois; pour ne pas fendre le laque, Gonse n'allumait
pas de feu dans son atelier de la plaine Monceau,
vivant en pelisse et soufflant dans ses doigts.

Les plus âgés, vêtus de noir; seul Jean-Louis Vaudoyer osait des tissus anglais.

Leur Venise, ils la savaient sur le bout du doigt :
« J'ai encore connu la place Saint-Marc avec son
campanile, expliquait Régnier; savez-vous qu'à la chute
du monument, à 9 h 55, mon gondolier a eu ce mot
admirable : " Ce campanile s'est écroulé sans tuer
personne; il s'est laissé tomber en galant homme, *se
stato galantuomo.* "

— Et, ce qui est plus galant encore, ajoutait Vaudoyer, il s'est écroulé un 14 juillet, en hommage à la
Bastille. »

Les Anglais n'ont peut-être jamais aimé Florence,
ni les Allemands Rome, comme ces Français-là aimèrent
Venise; si Proust la rêva, eux la vécurent, la revé-
curent dans sa gloire et sa décadence.

— Au Palais Grimani..., commençait Gilbert de
Voisins, petit-fils de la Taglioni.

— Pardon... Situez votre décor, cher ami; de quel
palais Grimani s'agit-il, il y en a onze; de celui de
Santo Polo?

— Ou de celui de San Tonia?

— ... Est-ce celui de Santa Lucca?

— ... Ou celui de Santa Maria Formosa?

— Voulez-vous plutôt parler du palais Grimani dit
« della Vida »?

A l'heure d'un mystérieux « ponche à l'alkermès »,
boisson rituelle dont la mention revient à chaque page
des *Heures* ou de *L'Altana,* ces pèlerins passionnés se
consultaient, cigares virginia jaunissant la fameuse mous-

tache. Où dînerait-on ? En quelle *osteria* (c'était leur mot) ?

— Au *Capello Nero*...

— Au *Trovatore*...

— Au *Bonvechiati*...

— A la Taverne de la *Fenice?*

— Chez *Colombo*, campo Goldoni?

— *Bottegone*, calle Vallaresso?

Ils n'avaient pas été Rimbaud; ils ne seraient jamais Gide, qu'ils détestaient, ni Giraudoux, qu'ils lui préféraient, ni Proust, peu connu[1]. Gide, Giraudoux, Proust avaient eux aussi porté la moustache longue; désormais, ils la rasaient ou la taillaient courte.

Hommes très charmants, sans grande confiance en eux-mêmes, dandys amers et doux, vite amusés ou désespérés, moquant les invertis, comme ce héros de Thomas Mann, ce Herr von Aschenbach troublé devant l'épaule nue qu'un jeune baigneur du Lido ose laisser voir hors du peignoir de bain! (v. *La Mort à Venise*).

Les femmes les avaient fait souffrir (pas de chance, ils avaient eu affaire aux dernières femmes qui feraient souffrir les hommes). Êtres fiers, fins jusqu'à se briser, avec des nerfs en verre filé de Murano; réfugiés dans la Cité-refuge, bousculés par la vie, par un public grossier, pas encore à la fois averti et snob, par des éditeurs encore avares; ils n'aimaient la richesse que chez les Rothschild, où ils dînaient, mais pas pour elle-même.

« C'est fou ce que tu peux ressembler à ton père »,

---

1. Sauf d'Edmond Jaloux.

me disait, la veille de sa mort, Vaudoyer. En vieillissant, je me sens encore plus près d'eux qu'à vingt ans; monocle en moins; leur monocle, déjà littéraire, ils vont le léguer à Tzara, qui, bientôt, arrivera de Zurich, puis à Radiguet (le sien, si grand qu'il lui arrachait, en la découvrant, la paupière inférieure). Personne ne portait le monocle avec autant de hauteur que Henri de Régnier, tête rejetée en arrière; le sien était une sorte d'œil-de-bœuf creusé dans le dôme de son crâne poli, pareil à une sixième coupole de Saint-Marc. Le thé, c'était leur drogue d'hiver; Jaloux, Abel Bonnard, Du Bos l'offraient aux dames avec des rite-mandarins; les droits d'auteur les eussent dégoûtés, s'ils en avaient eu. Tous étaient pauvres, ou presque.

Pour l'art de vivre, c'était mal choisir son heure; ils eussent pu dire, comme Paul Bourget à Corpechot, le 11 novembre 1918 : « C'est maintenant que la catastrophe commence. »

Semblables au campanile cher à Henri de Régnier, ces grands amoureux de Venise se sont laissés tomber, à la fin de leur vie, sans bruit, en « galants hommes ».

II

Le pavillon de quarantaine

Nuit de Venise,
Début 1918.

L'heure n'était plus aux miroirs gravés et aux petits nègres en verre filé.

Le Palais des Anciens menaçait ruine.

J'attendais un train qui n'arrivait pas, après une visite éclair aux confins de la Vénétie, où l'État-Major français essayait de remonter le moral italien. La vieille gare de Venise se débarbouillait aux éclairs projetés par les torpilleurs franco-anglais qui surveillaient l'Adriatique; lancées de soixante forts vénitiens, des fusées lumineuses dénonçaient les raids sans grande efficacité des Autrichiens. M'est restée présente l'irréalité de cette nuit d'automne, où le dôme de San Simeone Piccolo — toujours lui — surgissait, avant de repiquer une tête dans le Grand Canal, tandis que s'allumaient, à leur tour, San Simeone Grande, puis les Scalzi, ce décor joyeux et pétrifié de quelque opérette ecclésiastique étalant des blasons grandiloquents sur la façade (on oublie trop que le Bernin fut aussi auteur dramatique).

Cette nuit-là, tandis qu'un croissant de lune attendait en vain une seconde parenthèse, dans un ciel très noir, j'eus soudain conscience d'une mue profonde de la guerre; le vent de la défaite soufflait sur Rome qui déjà regrettait la confortable neutralité de Giolitti; seul le fascisme naissant jurait fidélité à l'Entente; ses fervents n'étaient encore qu'une poignée d'hommes à crier : Vive la France!

Une année à Paris venait de faire de moi le témoin stupéfait de la faillibilité des dirigeants, des rodomontades de Viviani (« ils cassent »), des prédictions de Joffre en 1914 (« ce sera fini à Noël »), de Nivelle (« cette offensive sera la dernière »). Chaque jour les vieilles générations perdaient de leur prestige.

Je n'avais pas à protester parce qu'on avait sacrifié deux cent mille hommes pour essayer de passer une rivière, pas qualité pour parler au nom de mes frères encore en armes; mais, parce que non-combattant, ne me serait-ce pas un devoir de les aider, autrement? Mon humeur, ne pourrais-je pas l'expliquer sur un ton nouveau? Peut-être, dans cette gare sinistre, dans Venise obscure, mes *Nuits* naquirent-elles? Ce serait ma façon d'annoncer que des signes apparaissaient dans le ciel. Mes *Nuits* parleraient, non pas au nom des morts, mais pour eux, pour les distraire, pour les plaindre, pour leur dire que je ne cessais de penser à eux, et surtout à ces classes 1908-1913, si bien décimées.

« Cette honteuse période de 1914-1918 », osait écrire Larbaud, au même moment, dans son *Journal* d'Alicante, en humaniste et en Européen outragé, nous

apparaissait, dès 1917, comme une obscure libération.
« 1917, l'année trouble », dira plus tard Poincaré;
pour nous, l'année troublante. Désespérante pour la
seule génération vraiment cosmopolite apparue en
France depuis les Encyclopédistes.

Quatorze mois dans l'antichambre du pouvoir
m'avaient beaucoup appris[1]; j'y avais vu de grands
Français, qui tous souhaitaient la victoire, se soup-
çonner, se déchirer, s'excommunier, au nom de l'union
sacrée : Briand, approuvant les conversations du prince
Sixte avec Vienne, poursuivre en secret une politique
pacifiste sévèrement jugée par les Chambres; Ribot
lui succéder, le tenant pour suspect; puis ce même
Ribot bientôt talonné par un Clemenceau qui n'eût pas
répugné à faire passer Briand en Haute Cour; j'admirais Philippe Berthelot, qui seul avait mené notre
politique étrangère depuis la déclaration de guerre,
refusant de mettre les pieds à l'Élysée, où Poincaré,
durant quatre années, l'attendit en vain, ne lui pardon-
nant jamais cette offense. J'avais assisté à la défaveur
injuste, totale, du même Berthelot, sacrifié par Ribot
à un Parlement qu'il avait méprisé ouvertement, de
Berthelot brusquement oublié de tous ceux qui la
veille se traînaient à ses pieds, sollicitant des missions
ou des sursis d'appel, jusqu'à ce que Clemenceau,
après avoir noté d'infamie ce grand commis de l'État,
le reprît à son service. Ce même Tigre avouait avoir un
faible pour Caillaux; il ne l'aurait fait fusiller qu'à

---

1. *Journal d'un attaché d'ambassade* (Gallimard).

regret. Je me rappelle ce qu'à la fin de sa vie Jules Cambon me dit de Clemenceau : « Contre mon gré, Clemenceau fit de moi un des cinq délégués à la Conférence de Versailles. Là, les délégués anglo-saxons travaillaient ensemble. Nous, nous ne nous réunissions jamais... Jamais je n'ai reçu la moindre instruction. Seul, de nous, Tardieu connaissait un peu la pensée de Clemenceau... Le Tigre était resté un vieil étudiant, assez ignorant, pas très intelligent, mais généreux et tenace... Pour ce qui est de la guerre, il faut s'incliner, il a réussi, mais quel dommage qu'il se soit chargé de faire la paix! »

La perfidie des bureaux, la lâcheté des salons, la trahison des couloirs parlementaires, les demi-chantages, le bruit de la combinaison du coffre-fort s'ouvrant pour les fonds secrets, pour les « enveloppes » des journalistes, tous les ressorts de la machine politique avaient joué, en 1916 et 1917, devant les yeux du jeune et obscur attaché de cabinet que j'étais.

Je notais, à ce moment, aux dernières pages de mon *Journal*, à la veille de partir pour Rome, l'impression que la guerre, au tournant de 1917-18, faisait soudainement sur moi : « Cela a une autre odeur, c'est une conjuration luciférienne. » L'Europe commençait à sentir.

Du fond de l'Italie, la vie à Paris, que je venais de quitter, prenait tout son relief : j'avais vu finir cette terrible année 1917 où l'Europe, on s'en aperçoit aujourd'hui, avait failli basculer; en 1917, année des tentatives de paix, des mutineries de Cœuvres et de Missu, où le général Bulot se voyait arracher ses étoiles [1], des luttes secrètes entre la Sûreté Générale et le Service des Renseignements aux Armées, de *L'Action Française* contre *Le Bonnet rouge* et *Le Carnet de la semaine;* la famille Daudet offrait une curieuse image : chez Mme Alphonse Daudet, nous entendions, Auric et moi, Léon Daudet préparer à Clemenceau une entrée triomphale au Parlement, tandis que son frère cadet, Lucien, briandiste, dans son uniforme des ambulances d'Étienne de Beaumont, soupirait après une paix négociée; Léon Daudet, élevé avec Philippe Berthelot sur les genoux de Renan, réclamait chaque jour dans *L'Action Française* la mise en accusation de ce presque frère, qu'il serrerait d'ailleurs dans ses bras quand il le rencontrait. (Proust, dans *Contre Sainte-Beuve*, note ce « dédoublement ».)

Qui écrira le roman de 1917? C'est l'esprit de géométrie qui, chez les historiens, simplifie et fausse tout; la vérité ne se trouve que dans les œuvres d'imagination.

Paris attendait fébrilement les troupes américaines. Arriveront-*ils* à temps? Dans Zurich pacifiste et zimmerwaldien, Tzara ouvrait au hasard le dictionnaire, y tombait sur le mot *dada*. A la représentation des *Mamelles de Tirésias*, Montparnasse avait entendu Arthur Cravan, ancêtre des contestataires, en appeler

---

1. V. Guy Petrocini, *Les Mutineries de 1917.*

« aux déserteurs de dix-sept nations », tandis qu'au bruit d'un orchestre de boulons secoués dans une boîte de fer, André Breton, au duvet naissant, criait : « Partez sur les routes! »

Désormais, rien n'était simple : l'immobilisation des fronts, les buts et les origines de la guerre de plus en plus obscurs, la révolution russe, qui tournait les positions politiques; bref tout ce que découvrent les jeunes de 1970 en regardant un film comme *What a lovely War* [1], nous l'éprouvions déjà.

Un âge d'or finissait; un autre se levait, ourlé de noir.

Mes habits civils avaient pesé lourdement sur moi depuis trois ans; les souffrances effroyables des combattants m'étaient devenues intenables; tout à coup, l'Italie, c'était revivre, non seulement pour moi, mais aussi pour les troupes françaises qui y débarquaient, oubliant le cauchemar de la guerre de positions; on se surprenait à penser comme Brissac qui, sous la Fronde, l'épée à la main, chargeait un corbillard en criant : « Voilà l'ennemi! » L'unique ennemi, désormais, c'était la Mort : les forces de vie cachées faisaient irruption sur le seuil de notre conscience; nous n'en étions plus maîtres. L'animal veut vivre et l'animalité emportait tout.

« Venise, je l'ai trouvée dans son deuil » *(Byron)*. Au-dessus de Saint-Marc les pigeons avaient été remplacés par des *Tauben* (les avions autrichiens, dits pigeons).

A Venise, à travers la coupole percée de Santa Maria, on apercevait le ciel bleu; l'Arsenal avait été touché,

---

1. *Mon Dieu, que la guerre est jolie.*

le Palais des Doges crevassé, Saint-Marc était étouffé
sous cinq mètres de sacs de sable retenus par des
madriers et des filets d'acier; disparus les chevaux du
Quadrige! Roulés, les Titiens; canaux sans gondoles,
les pigeons, mangés.

C'était la fin de la retraite sur le Tagliamento; cinq
cents kilomètres de front entre le lac de Garde et
l'Adriatique. Mestre, zone des armées. A Brescia, à
Vérone, à Venise, les divisions françaises (comme les
allemandes, en 1943) s'efforçaient de ranimer les cou-
rages italiens. Les officiers français s'essayaient à fumer
les longs *virginias* forés d'une paille, sur les quais de
débarquement; dans les camions de la Croix-Rouge, des
Sénégalais blessés, côte à côte avec des Napolitains en
robe de chambre d'hôpital, se confondaient avec des
bersaglieri très déplumés, des prisonniers autrichiens,
des Tyroliens en gris-bleu, des carabiniers ayant tro-
qué leur bicorne contre un casque semblable à celui
du Colleone; des prisonniers russes repris aux Autrichiens nettoyaient les quais avec des balais en feuilles
de maïs; aux murs, des affiches comminatoires ordonnaient aux déserteurs de Caporetto de rejoindre le
4e corps, sous peine d'être « fusillés dans l'échine ».

A mon retour, Rome, c'était déjà la France de 1940,
une cité médiévale ravagée par une peste morale; des
bottes boueuses, des uniformes trempés, des têtes banda-
gées, tailladées par les éclats de silex des bombardements
alpestres; personne ne travaillait, personne n'était à sa
place. Pour moi, Rome, c'était la chancellerie, les cartons
verts parmi lesquels je me promenais, comme dans les

rêves on erre en caleçon dans un bal... J'ai retrouvé une
de mes lettres à ma mère, du palais Farnèse, datée
du 31 décembre 1917 : « Rome est peuplée de réfugiés
vénitiens; rencontré hier la G. qui arrive de son palais
du Grand Canal, avec son Giorgione sous le bras,
dans un carton à chapeaux. Bombardé, Saint-Antoine-
de-Padoue s'est réfugié à Bologne; le Colleone est ici. »
Au déjeuner quotidien, chez Barrère, j'entendais
Foch et Weygand rapporter comment ils avaient, le
matin même, expliqué aux ministres italiens que le
front de l'Isonzo ce n'était pas toute la guerre, que
deux cent mille prisonniers et deux mille canons italiens capturés, ce n'était pas bien terrible; Gabriele
D'Annunzio ne bombardait-il pas Trieste et Cattaro?
Au palais Farnèse, j'étais très seul. Proust, avant
mon départ, parlant de Barrère, mon futur chef, m'avait
dit : « C'était un ami de mon père; une vieille bête... ».
Je vivais en pensée à Paris, où Proust ne sortait plus
guère de son lit; Hélène opérée; Giraudoux à Harvard;
Alexis Léger [1] à Pékin; en Champagne, Erik Labonne,
officier d'artillerie, pointait ses canons sur les troupes
russes venues comme alliées en France, maintenant
suspectes; à Londres, Antoine et Emmanuel Bibesco
avouaient souhaiter une paix au plus vite négociée; «Cela
va se gâter pour tout le monde », prédisait Georges
Boris, qui nous ébranlait par l'audace de ses idées
avancées. Au Palais Farnèse j'avais retrouvé, comme
conseiller, un collègue, un camarade du Londres d'avant

---

1. Saint-John Perse.

guerre, François Charles-Roux; nos mauvaises affaires le
rendaient plus combatif, plus intransigeant que jamais;
on eût dit qu'à lui seul il saurait remettre les Italiens
sur pied de guerre; il me trouvait tiède; notre camaraderie s'en ressentait; de plus l'affaire Caillaux était
venue jeter un froid entre nous.

Caillaux toujours me sidéra, depuis ma première
visite, en 1911, jusqu'à la dernière, en 1926, chez lui,
rue Alphonse-de-Neuville; ses brusques colères, où son
crâne poli tournait au rose, puis à l'incarnat, son regard
de feu enfermé dans le cercle de diamant du monocle,
ses impudences, ses imprudences de roi fou, me fasci-
naient; mon père, que Caillaux aimait bien, l'admirait,
le défendait, comme il le fit lors du procès, quitte à
se brouiller avec les amis de Calmette. La guerre
venait de faire perdre à Caillaux le peu d'équilibre qui
lui restait. Ses successeurs, heureux de s'en débarrasser,
l'avaient comblé de missions à l'étranger; il oublia
toute mesure en prenant la mesure du globe; ses propos
insensés en Argentine, ses mauvaises fréquentations en
Italie, son espoir de négocier une paix blanche, ses
gaffes enfantines et ses vues si audacieuses que l'avenir vint justifier, tout le personnage me stupéfiait, y
compris la fréquentation des aventuriers de comédie
auxquels il confiait volontiers sa fortune, « non qu'il eût
un goût particulier pour les traîtres, mais ils servaient
sa politique personnelle », disait de lui Poincaré. Récon-
cilier la France et l'Allemagne, en 1911, eût évité le
suicide à la race blanche; j'avais entendu Caillaux dire
qu' « évincer de notre Afrique du Nord les Européens

méridionaux était folie »; il ajoutait : « Les Arabes nous jetteront dehors si nous n'ouvrons pas dès à présent la Tunisie aux Italiens et l'Oranie aux Espagnols; nous pouvons avec eux constituer un bloc de vingt millions d'Européens; hélas! l'aveuglement de vos bureaux du Quai d'Orsay est irrémédiable. » Le temps a passé; je repense à Caillaux en relisant cet amer retour de Clemenceau sur soi-même, à la tribune du Sénat, en octobre 1919 : « Les Allemands, c'est un grand peuple; il faudra s'entendre avec lui; moi, je l'ai trop haï; c'est à d'autres, à mes successeurs plus jeunes, que revient cette tâche. » Ne croirait-on pas que c'est Caillaux qui parle?

J'ai toujours aimé les causes perdues : Fouquet, Caillaux, Berthelot, Laval. Quand ils furent envoyés en forteresse, traînés en Haute Cour, mis ignominieusement à la retraite, attachés au poteau, mon affection pour eux a crû d'autant. Qui rassemblait des destins aussi divers? Un psychanalyste expliquerait-il cela? Cela remonte à loin; à la question « Pourquoi es-tu dreyfusard? » j'avais répondu, à huit ans, que c'était parce qu'il n'y en avait pas d'autres dans la classe, réponse restée célèbre dans ma famille, qui d'ailleurs n'y voyait pas l'indice d'un caractère fort, mais plutôt celui d'un ingénu.

L'échec après le succès, ce devait être encore le thème de mes livres entre 1950 et les années soixante; après *Fouquet*, *Le Flagellant de Séville*, *Les Clés du souterrain*, *Le Dernier Jour de l'Inquisition*, *Hécate*... Enfant, je dormais le pouce replié à l'intérieur de la main; les psychanalystes voient là l'image de l'introversion. Dès 1917, un des frères de ma future femme avait été

à Zurich se faire soigner par Schmit Guisan, élève de
Freud et de Jung; c'est ainsi que cinq ou six ans avant
que la psychanalyse n'apparaisse en France, j'avais
connu l'existence de cette tentative de libération; le
contraste entre la vie sexuelle cachée et la vie sociale
m'a toujours émerveillé. Gide dit quelque part qu'il a
tourné autour de la psychanalyse; c'est elle qui a
tourné autour de moi, pour ressemeler mes vieilles
chaussures chrétiennes sur la route de la pénitence.

Les paix imposées, négociées, glorieuses, infamantes,
c'est de la politique; pour l'écrivain comme pour le
laboureur, il n'y a pas plusieurs paix, mais une. Je
n'ai jamais aimé que la paix; cette fidélité m'a valu
de curieuses infidélités du sort; elle m'a fait traverser, en 1917, une gauche fort avancée, pour me
déposer en 1940 dans un Vichy maurassien où je n'étais
pas moins dépaysé. L'homme ne change pas, c'est le
monde qui tourne autour de lui; j'ai connu l'Angleterre
victorienne, où le mot *pantalon* n'était pas admis, pour
retrouver une Albion aujourd'hui se mettant nue, dans
les bassins de Trafalgar Square; j'ai vu les officiers russes
de 1917, épaulettes arrachées, et je retrouve une
U.R.S.S. inventant mille distinctions honorifiques et
rétablissant un tchin mandarin.

Entre les deux, ce qu'on appelle aujourd'hui l'Europe, ce corps hémiplégique...

Si ces tableaux d'époque méritent de ne pas trop
vieillir, c'est dans la mesure où, il y a cinquante ans,
ils préfiguraient notre présent. J'y retrouve cette amer-
tume d'un Scott Fitzgerald, en 1925 : « Les parents ont

fait assez de dégâts comme ça; la vieille génération
a pratiquement dévasté le monde, avant de nous le
transmettre. » Je me désolidarisais des anciens, à
partir de 1917, sans cesser d'en accepter l'héritage; le
déchirement de l'affranchi.

En 1917, Marcel Sembat, un des chefs de la S.F.I.O.,
homme d'une grande culture, m'avait pris en amitié
(le rez-de-chaussée des Berthelot, boulevard Montparnasse, touchait à l'appartement de Léon Blum : politique intérieure et affaires étrangères s'y confondaient,
dans une atmosphère fin du symbolisme, ex-*Revue
blanche*, Lugné-Poe, Claudel, qui n'a pas survécu
à 1918). Sembat me fit connaître la très jeune peinture;
j'osai transgresser le : « Jusqu'à Cézanne, mais pas
plus loin » de mon père; Sembat, cet homme doux et
tolérant, humanisait le socialisme; grâce à lui je
compris qu'il fallait surmonter cette terreur de l'ou-
vrier, qui nous venait de 1848 et de 1871.

Je rencontrai, cette année-là, un autre chef socialiste,
Bracke-Desrousseaux; c'était chez V. M. [1] (à souper,
Claudel nous distribuait des œufs durs, sur lesquels
il écrivait des poèmes). « Je crois au socialisme, mais
ne le conçois que national », dis-je innocemment à
Bracke-Desrousseaux. (J'étais loin de me douter que
ces deux mots, vingt ans plus tard, feraient sauter
l'Europe.) Il me répondit sèchement : « Impossible; le
socialisme est, par essence, international. »

[1]. A chaque salon de cette époque, son socialiste : chez Mme Straus,
Léon Blum; chez Mme Ménard-Dorian, Albert Thomas; chez la duchesse
de Clermont-Tonnerre, Rappoport; chez la princesse Eugène Murat, née
Violette d'Elchingen, Bracke-Desrousseaux.

1919.

Après deux années passées à Rome et à Madrid, je revenais à Paris avec des poèmes, ceux d'un jeune impatient; quelques-uns écrits à Venise, dont celui-ci :

> *Oh! nous ne pouvons attendre davantage...*

ou :

> *... Nous nous lançons sur la mer sans routes...*

ou :

> *... Nos cadets, on lit dans leurs yeux*
> *Qu'ils ne souffriront pas d'attendre...*
> *... A quand un large et continuel don*
> *de tout à tous?*
> *A quand une grande course, pieds nus, autour*
> *du globe?*

Il y avait là un accent plus lointain; il venait de :
> *... Le Passé... avec ses*
> *héros, histoire, expérience, en toi engrangés!*
> *L'héritage total qui a convergé vers toi...*

Cet accent, c'est celui des *Feuilles d'herbe*. Pendant des années Walt Whitman, athlétique, luxuriant, élémentaire, avait été mon surhomme. Hugo? A la sortie du lycée j'en étais resté à *Eviradnus* (je ne devais découvrir la *Bouche d'ombre* qu'un demi-siècle plus tard). Les odeurs de la grand-route et de la femme, je les avais d'abord humées dans Whitman.

Le chemineau américain, je le croyais inconnu en France; j'avais tort; traduit en 1907, sa leçon n'avait pas été perdue; je le retrouvais dans l'unanimisme, chez Duhamel et Romains; Whitman avait suscité *Pâques à New York*, de Cendrars; Cocteau venait, à sa suite, de descendre le *Potomac;* Whitman affectait l'inspiration du Supervielle de *Débarcadères* et de *Gravitations*, comme il avait fasciné *Barnabooth*, vagabond habillé par Poole : aux États-Unis, Hemingway et Dos Passos avaient fait, chez Whitman, des cures d'altitude.

> *Je suis pour ceux qui marchent de front*
> *avec la terre entière...*

Dernier écho d'un romantisme international, d'un 1848 étiré à l'échelle planétaire.

1920.

Ouverture du *Harry's Bar* (avant Orson Welles et Hemingway).

1922.
Ouvert la nuit.

Après la guerre de 1870, le cénacle Flaubert, cherchant un titre général à ce qui devait s'appeler *Les
Soirées de Médan*, que *Boule-de-Suif* a rendues célèbres,
faillit, dit-on, nommer le recueil : *La Guerre comique;*
cette réaction de détente n'était pas un blasphème,
mais le soupir après un grand danger; on observa la
même chose en 1918; c'est ce qui explique, et peut-être
excuse, les *Nuits*.

Les critiques ont été au plus facile, au pittoresque
d'époque, à la surface d'une œuvre qui s'ébrouait dans
le vaste monde, dans le monde encore vaste d'il y a cinquante ans. C'était le cri du bonheur de survivre, poussé
à contretemps dans un âge déjà misérable, un bonheur
que m'enviaient mes amis très malades, comme Proust
ou Larbaud; je ne désirais qu'un peu de leur génie
quand, eux, ils disaient : « J'aurais voulu vivre comme
Morand. » (Sans se connaître, ils ont dit, l'un et l'autre,
exactement cela.) Qu'ils ne m'envient pas le temps que
j'ai passé à « bien vivre ». Que de temps perdu à
gagner du temps! Larbaud, en réponse à mon *De la
vitesse*, me dédiait son essai sur *La Lenteur;* le vrai
voluptueux, c'était lui.

1921.

Nouvel arrêt dans cette gare de Venise « qui finit sur rien, sur une grande citerne d'ombre et de silence » *(Ouvert la nuit);* ainsi commence *La Nuit turque*, terminée hier.

Ce jour-là, je continuais ma route jusqu'à Stamboul, par un *Simplon-Express* tout neuf, destiné par les Alliés à détrôner le vieil *Orient-Express*, premier tronçon du *Bagdadbahn* de Guillaume II.

Sur la terre ferme, les tranchées se refermaient, les enfants vénitiens pêchaient dans les trous d'obus, des scaphandres de l'Arsenal remettaient à flot les torpilleurs autrichiens envasés ou coulés.

Venise encore engourdie par son sommeil de guerre...

Balzac avait écrit, dans *La Fausse Maîtresse :* « Le carnaval de Venise n'est plus rien; le vrai carnaval est à Paris. »

C'était vrai aussi des années 20.

Raconter le Paris d'alors n'est pas mon propos; il ne s'agit ici que d'un tête-à-tête avec Venise, ces pages n'ayant d'autre mouvement que celui de la vie sur ses flots.

Tout ce qui s'était passé à Paris pendant mes années d'absence confirmait la révolution des mœurs amorcée en 1917. Une génération revenait de la guerre, écœurée d'hier, curieuse de demain, de ceux qui sauraient l'expliquer à elle-même, lui révéler le monde nouveau, lui faire l'inventaire géographique de son logis mal connu, la planète. Si les *Nuits* et *Rien que la Terre* reçurent alors bon accueil, le mérite en revient moins à l'auteur qu'aux circonstances : un succès n'est souvent que la rencontre d'un homme et de son époque.

Qu'est-ce que l'art, sinon chaque temps en sa chose?

Malgré nous, chacun de nos livres semblait dire à l'avant-guerre : « Bon pour vous faire enterrer. » A tous les âges, les brocards se sont plaints des dix-cors; nous connaissions soudain ce miracle, renouvelé de 1798, de n'avoir personne devant nous; pères et grands-pères avaient décampé, se faisaient oublier; tout était vide, béant, offert. Nous ne connûmes pas cette longue révolte des jeunes, qui s'étend du romantisme aux gauchistes : « Avancer ou crever. »

Sorte de liberté soudaine, totale, une route déblayée par le hasard, qu'on retrouve vide, dans tous les domaines, aussi bien dans l'art de Picasso que dans la danse de Massine, qu'aux soirées d'Étienne de Beaumont (dans l'hôtel de la rue Masséran, ironiquement située entre le noble faubourg et Montparnasse), soirées décrites par Radiguet, renvoyant au musée Grévin les bals persans d'avant 1914. Le public se jetait dans l'avant-garde avec tant de véhémence qu'il n'y avait plus, non seulement d'arrière-lignes, mais de gros de l'armée.

Comment me trouvai-je précipité du séjour chez les Anciens dans les rangs avancés, comment une jeunesse de stylite m'avait-elle placé dans l'avant-garde? Je me le demande encore. Était-ce la vague des générations qui m'élevait dans son flux? La démente publicité de nos éditeurs ne fut jamais que la turbine exploitant la force d'une marée qui jetait sur les cimaises et aux devantures des talents aussi opposés que Montherlant ou Breton.

Quel sauve-qui-peut! Tous les snobs voulaient en être, vivre cette aventure neuve, appartenir à l'extrémité de ce Kamtchatka littéraire dont parle Baudelaire. Les vieux demandaient grâce, nous inondaient de louanges, offraient rubriques, honneurs, amitié, la main de leurs filles en des déjeuners comiques où ils nous flanquaient d'académiciens commensaux qui nous promettaient la lune; la plupart nous détestaient, comme on a toujours détesté ses descendants. « Que devons-nous penser de vous, Maître? » demandaient alors les Six à leur ancien, Maurice Ravel, qui leur répondait avec esprit : « Détestez-moi. » (Ils n'en faisaient, d'ailleurs, rien; leur détestation s'arrêtait à Wagner.)

Pour ceux d'avant 1914, nous étions des insurgés, affamés de carnage, les sociétaires d'une nouvelle secte de Dévorants qui tournaient l'Établissement en dérision, l'avant-garde de ces « Barbares » dont Barrès prédisait depuis longtemps la venue; nous prenions le relais de Marinetti, hurlant à la mort de Venise, moquant les gondoles, « ces balançoires à crétins »; sur les Champs-Élysées, Max Jacob et Cocteau interpellaient les enfants : « Dépêche-toi de jouer, petit mort

de la prochaine guerre! » Les anciens combattants de
la littérature protestaient contre ce Proust « où l'ombre
des jeunes filles en fleurs l'emportait sur l'ombre des
héros en sang »; les Croix de bois dénonçaient *Le Diable
au corps* où les poilus sont cocus.

Ces « années folles » frappent aujourd'hui par le nombre
de leurs victimes, les suicidés, les désespérés, les déserteurs, les ratés. Que de Picassos restés en route! « J'ai
traversé la tradition comme un bon nageur une rivière »;
ce que Picasso n'ajoute pas, c'est que Hans, le joueur
de flûte, est suivi dans sa nage par des rats qui, eux,
se noieront.

Jean Cocteau, déjà loin de ses poèmes vénitiens de
1909, risquait un saut qui, pour tout autre, eût été péril-
leux; il retombait sur ses pieds, toujours. Plus applaudi
que jamais, ayant renouvelé son public, s'étant fait une
seconde jeunesse, il était partout à la fois; il ne pouvait
manquer le train puisqu'il courait devant la locomotive;
à la pointe de tout, du piquant des métaphores au bec de
la plume, grâce à ses formules-flèches il s'installait dans
l'aigu; son menton interrogeant, son regard en tournevis,
les doigts en vrille, il vivait « au bout de lui-même ». Se
reposer eût été s'émousser. De Cocteau-le-Pointu, l'électricité sortait par tous les angles. En redescendant
l'escalier Henri III de l'immeuble de la rue d'Anjou,
où il habitait chez sa mère, on se sentait imbécile,
attardé, courbaturé, obtus; lui seul pouvait dormir en
dansant, sur les pointes.

A l'autre pôle, impassibles, sûrs de leur génie, entê-
tés à fuir le Tout-Paris et ses poisons, Saint-John

Perse (alors Saint-Léger Léger), retour de Chine, et Giraudoux, tenaient bon, sourds à ce qui n'était pas la voix si personnelle d'*Éloges* (1911) et de *Provinciales* (1908).

Mais pour eux aussi l'heure avait sonné; à leur insu ils allaient être amenés à vivre, à occuper sans résistance « les positions abandonnées », comme disaient les communiqués de la veille.

En voici un exemple :

Vers le milieu des années 20. Un déjeuner chez Erik Labonne, dans l'appartement qu'il habite encore, avenue Victor-Emmanuel; quatre jeunes agents des Affaires étrangères, camarades de Concours (bien qu'issus de trois concours différents de date) : Giraudoux, quarante-quatre ans, Alexis Léger (Saint-John Perse), Erik Labonne et moi, trente-cinq ans. Philippe Berthelot, notre maître, notre chef, notre ami, venait de connaître une de ces éclipses effrayantes qui ruinèrent la fin de sa vie; désormais, il s'agissait de nous affermir sans lui sur nos positions administratives, d'assurer la continuité; qu'on ne nous imagine pas comme de jeunes échauffés, sautant sur les leviers de commande; la guerre était passée par là, nous avions appris à nous gouverner; simplement nous obéissions à un « devoir d'ambition » *(Stendhal)*. Nous étions orphelins, soudain; la génération des grands de la diplomatie française, les frères Cambon, Paléologue, Jusserand, venait de disparaître; entre elle et nous, rien que des fonctionnaires.

Voici comment le sort devait disposer de nous en ce

temps où tout semblait suspendu, l'avenir devenant
brusquement du présent :

Alexis Léger, aux affaires d'Extrême-Orient, allait
avoir, par la disparition de Berthelot, des rapports
directs avec Briand, président du Conseil, son ministre;
Briand était de ces paresseux intelligents qui savent se
servir d'autrui; Alexis Léger s'imposa à son chef et
même au Parlement, que Berthelot s'était aliéné : il
allait, pendant plus de dix ans, rester, sous bien des
ministres, le maître de la diplomatie française; Erik
Labonne, lui, était un mystique : il avait deviné, presque
par révélation, par inspiration, que notre Afrique du
Nord regorgeait de pétrole caché; d'abord, personne ne
l'écouta; avec ténacité, il y consacra sa vie; le résultat est connu. Là aussi, c'était la table rase. Quant
à Giraudoux, il poursuivait deux rêves : être grand
commis, homme de gouvernement, illusion incompa-
tible, non pas avec son génie, mais avec son caractère; Daladier ne devait lui donner sa chance que
quinze ans plus tard, au *Continental*, en 1940; son
second rêve fut le théâtre : là encore personne, depuis
un quart de siècle, depuis Maeterlinck, depuis Claudel;
quand *Siegfried* triompha, deux ans après, ce fut sur
une scène française vide.

Quel était, alors, le noir de ma cible? Pour mes
amis, c'était leur œuvre, leur carrière, ou les deux.
Je ne rêvais que d'une liberté totale; j'avais pourtant été, très jeune, hors de tutelle, on m'avait laissé
le choix d'une carrière; dans l'administration je
n'avais jamais senti la gourmette, et même là, très

légère. Qu'attendais-je donc d'une émancipation défi-
nitive, d'une indépendance que la mort seule peut
donner? J'en suis encore à me le demander. Était-ce
une sorte de vie *hippie*, avant la lettre, une course à
un bonheur inexistant, l'abandon à une léthargie qui
tenait plus de la maladie que de la santé? Je fais un
effort de mémoire pour retrouver mon état d'esprit
d'alors : on est sur terre, aventure unique; en profiter.
Pour quoi faire? S'élever dans la condition d'homme
ou satisfaire ses instincts? Tout cela, à la fois. Ne
pas réfléchir; en avant, tête baissée! Dieu reconnaîtra
les siens; on verra bien.

Deux anges gardiens, ma mère et ma femme, avec
un sens profond de mon intérêt et de la tradition, en
décidèrent autrement. Une vie, ça se construit comme
une maison, pensaient-elles.

Je ne désirais que l'indépendance, sans savoir que
c'est ce qu'il y a de plus rare. Tout, sur l'heure! ignorant
que « vite », c'est le plus coûteux. Nous faire attendre,
quelle injustice! Il me fallait la planète, sans bout du
monde (portais-je en moi les germes de ce délit de
fuite dont l'homme d'aujourd'hui fait ses délices?). Me
sachant peu propre à dominer et à parvenir, je voulais
travailler ma vie comme une matière précieuse, la tail-
ler sans rognures, lui faire rendre toute sa force prisma-
tique.

Tout s'offrait, tout espérait être cueilli; tout le fut;
les gros obstacles nous attendaient vingt ans plus
tard. Autre histoire... Le temps n'est pas venu de la
conter.

Ceux qui essayent de reconstituer cette époque d'il y a cinquante ans l'imaginent comme un immense Bal des Quat'Zarts, défilant devant Paris stupéfié et stupide; c'est n'avoir rien vu. Nous étions des artistes joyeux du crédit ouvert par un public de plus en plus averti. Nous vivions un véritable printemps de travail, de recherches, d'inventions, d'amitié entre les arts; quelque chose comme l'Impasse du Doyenné, au temps de Nerval. Tout avançait sur le même front, face à la route libre, dans une atmosphère de réciprocité, de générosité, de vraie camaraderie. Les Muses fraternisaient; les oubliés de la veille, par nos soins remis à leur vraie place : Auric, à quinze ans, fréquentait et exaltait Léon Bloy, Poulenc exhumait Satie au fond d'Arcueil, nous sortions Valéry de la pénombre; seul l'art dramatique continuait à ronfler sur le boulevard. Les peintres inventaient la décoration scénique, Derain peignait pour Massine; Darius Milhaud et moi passions l'été 1920 ensemble, dans l'unique hôtel de Juan-les-Pins, petite pension pour commis voyageurs, l'*Hôtel de la Gare;* Radiguet, pour ne pas avoir à rentrer en banlieue, couchait parmi les blocs de métal poli de Brancusi; Reverdy écrivait ses poèmes rue Cambon, pendant les essayages d'une autre créatrice.

Le romantisme avait eu une si longue vie que les derniers vestiges existaient encore un demi-siècle après; il n'éleva pourtant pas à ses dieux de temples plus durables que l'époque actuelle n'en construit aux monstres sacrés de 1920; 1970 s'éclaire encore à leur lampe; de Picasso à Kisling, de Proust à Saint-John Perse, d'Honegger à Satie, les maîtres d'alors n'ont jamais vu remettre en question leur pouvoir; et Gabrielle Chanel, qui habillait de ses jerseys le Deauville de 1915, habillait encore le monde des années 1970. Les vraies valeurs de portefeuille, le vrai Suez, le vrai I.B.M., c'étaient celles-là. Phénomène qui tient à la qualité athlétique des artistes de l'âge héroïque. La boule a continué de rouler, beaucoup de bois a été abattu : aucun des génies de 1920 n'a été déquillé.

Phénomène français; il suffit de se rendre en pensée dans le Berlin expressionniste, dans l'Angleterre huxléienne, dans la Rome de Malaparte, dans le New York du *Dial*, pour mesurer la fortune de ce Paris-là. J'étais hier (1970) à New York, dans ce bar de l'*Algonquin* où nous nous retrouvions vers 1925, Mencken, George Nathan, les Ernest Boyd, Carl Van Vechten, Walter Wanger, Scott Fitzgerald; en ne voyant plus que des fantômes dans ce gril et dans cette salle à manger célèbres des *roaring twenties*, je constatais que, là où nos camarades américains avaient dévissé, sous l'orage, emportés par la fureur de vivre, nous avions été plus heureux, ou plus sages, dans ce Paris où Dos Passos raconte comment je les soustrayais au passage à tabac, après des nuits extravagantes, lui, Cummings et Gilbert Seldes [1].

---

1. *Octobre 1970*. Chassé par un orage d'automne à l'intérieur du café de la Fenice, j'ouvre les journaux; ils m'apprennent la mort de Dos Passos : « Chanter *L'internationale* est mon ambition », déclarait Dos Passos, jeune;

Je me vois, ouvrant une enveloppe de la N.R.F. :
le premier chèque de Gallimard; content, et en même
temps gêné; je n'avais jamais reçu de salaire que de
l'État; j'avais l'impression de le trahir, non de m'en
libérer. Beaucoup de fonctionnaires, de Maupassant
à Valéry, avaient vécu de cette façon, honorable
et acceptée par tous, mais ils n'appartenaient pas
aux grands corps, Guerre, Marine, Finances, Cour
des Comptes, Mines, Conseil d'État, Affaires étrangères, etc... les écoles qui y préparaient formaient des
institutions dont l'État était la foi, la loi; et les concours,
une sorte d'entrée en loge. Qu'était-ce qu'un concours,
surtout alors? Une formalité, où la cote d'amour et une
sorte de droit coutumier comptaient, d'abord; néanmoins, un homme qui ne «sortait pas du Concours», qui
entrait dans ces grandes carrières par voie préfectorale,
par le journalisme ou par la politique, n'était jamais
tout à fait considéré comme un égal. L'État payait peu,

il était alors l'égal de Hemingway, de Scott Fitzgerald, de Faulkner;
Sartre le considérait comme le meilleur romancier de l'époque. A partir
de 1930, Dos Passos devait désapprouver le *New Deal;* il considéra la
Seconde Guerre mondiale comme une catastrophe. « On ne peut que
regretter qu'un technicien littéraire aussi accompli ait pu adopter un point
de vue aussi étroit et que la brillante constellation de 1920 brille maintenant si faiblement... » (*Herald Tribune,* 29 septembre 1970.)

« En 1929, Dos Passos se livrait à une critique virulente de la société
capitaliste; son œuvre eut un retentissement considérable. La Deuxième
Guerre mondiale devait provoquer une véritable conversion de l'écrivain...
En même temps qu'il évoluait politiquement, Dos Passos semblait avoir
perdu sa force créatrice. » (*Le Figaro,* 30 septembre 1970.)

Hier soir, sur *France-Inter,* j'écoutais *Le Masque et la Plume :* « Comment
Ionesco peut-il encore nous parler de sa mort? Mort, il l'est depuis dix
ans. » Je n'ai pas de chance avec mes amis d'opinions avancées.

mais cet argent rendait un autre son; ce n'était pas l'argent des autres; personne n'y avait touché; les six louis d'or mensuels qui me furent octroyés pendant dix ans, sortaient, du moins jusqu'en 1918, tout neufs de la Banque de France.

Ce culte de l'État existe encore aujourd'hui, mais on y entre souvent comme pour un stage, on bifurque dans la Banque (en argot : *le pantouflage*), les intérêts privés jouent, les frontières sont devenues indécises entre les ambassadrices et les ambassadrices de la mode; de nombreux organismes internationaux, la sélection des compagnons de guerre, l'infiltration dans les grandes administrations par des portes latérales, par la propagande, par les attachés de presse ou culturels, ont dû modifier l'esprit des cadres, tel que je l'ai connu.

La vie de Paris, la traversée de la mer agitée des divers milieux de la capitale, devaient peu à peu effacer le respect de ce code non écrit, relâcher ce qui moralement était aussi serré que le service pour un officier du temps de Vigny. En lisant soudain mon nom aux devantures des librairies, je me sentais en pays étranger; c'était la fin de cet anonymat absolu qui fut si longtemps la règle d'or de l'Administration. Lorsque je rentrai dans les « bureaux », cette ancienne patrie, à la veille de la dernière guerre, je ne retrouvai pas ce que j'avais laissé, douze ans plus tôt; la politique, l'esprit syndicaliste après 1936, l'intellectualisation des services, l'entrée des Normaliens dans les cadres, ce n'était déjà plus tout à fait la même âme; les derniers vestiges d'autrefois, je les rencontrai parfois, perdus dans les chambres d'hôtel de Vichy.

De grands serviteurs de l'État, je suis certain qu'il y en a autant qu'hier, plus peut-être, parce que le pays est plus petit; ils s'habitueront sans doute à l'hexagone.

Je ne conçois l'hexagone qu'inscrit dans la sphère.

1925.
L'amour des routes.

Une photo, souvent reproduite, montre, à la Foire
du Trône, les Six musiciens, Valentine Hugo et moi-
même, dans un de ces bateaux peints sur la toile d'un
photographe forain; penché sur le bastingage je dégo-
bille, et Valentine me tient la tête; c'est l'image même
de ce que je ressentais en 1925; l'après-guerre me
donnait soudain envie de vomir.

A Paris, je serai devenu le « Parisien cosmopolite »,
tel que l'a crayonné Vlaminck dans ses *Portraits
avant décès*. Le *Bœuf* de la rue Duphot avait émigré
vers les beaux quartiers, c'en était fini de notre jeunesse. Derrière nous les vient-de-paraître, les sofas de
velours noir, les nuques bleues, les tapis en zèbre, les
cabarets russes, les bas à grosses résilles, pour sirènes,
les ongles crochus et argentés, le syncopé, les sourcils
épilés, tout ce que le Paris Van Dongen repassait

maintenant à la province, qui s'en gargarisait. Paris, c'était la cité de la fausse vie qui, au même moment, jetait dans les rets magnétiques de Gurdjiew une Katherine Mansfield; c'était la fuite vers toutes les issues, toutes les religions, les fausses conversions, les tonsures momentanées, l'envers du Paradis, la mobilisation des anges gardiens. Paris perdait le contrôle moral du monde; il ne l'a plus jamais retrouvé. La *Coupole* de Montparnasse n'était plus le globe. Dans la fuite, le salut! Dès lors, nos services de presse portèrent : « De la part de l'auteur absent de Paris. » Je m'abandonnais désormais « au seul souci de voyager ».

A Bangkok, je retrouvais Venise; eau ou terre ferme? « Terres si basses qu'elles semblent échappées à la mer par miracle », écrit l'abbé de Choisy; la Thaïlande portait encore la tiare et se nommait alors Siam. Mêmes barques dorées, à cinquante rameurs, que sur la lagune du temps de Guardi; les radeaux de teck flotté, les sampans chargés à couler de riz paddy me rappelaient les paniers de fruits de l'oiseuse Brenta; les cases de palmes sèches des Siamois ressemblaient aux huttes des premiers Vénètes, les *stupas* du Wat Prakeo royal c'était encore la Venise du temps de Marco Polo, et les barques aux voiles dépliées en ailes de vampire portaient à la proue le même œil que celles des pêcheurs de Malamocco.

1926.

La chute de Philippe Berthelot me fit réfléchir; athlète
complet, il avait voulu tout vivre, le service de l'État
contre Poincaré, le tennis contre Giraudoux, le Paris des
courses de chevaux et des générales, l'Opéra et l'*Œuvre*
de Lugné-Poe, l'ordre administratif et l'anarchie intel-
lectuelle d'un Sturel, les fréquentations dangereuses,
le monde[1], les voyages longs de deux ans; il était l'auteur
d'un sonnet avec rimes en *omphe*; il savait par cœur tout
Hugo et le *stud-book* depuis la fondation du Jockey;
il s'y était brisé physiquement (il ne dormait pas) et
moralement (méprisant tout ce qui n'était pas ses frères
ou ses amis). Je compris qu'on ne peut pas servir l'État,
et d'autres maîtres. Il n'y a pas de second métier.
L'État veut être aimé exclusivement. Il fallait choisir :
j'optai pour le bonheur, pour la route libre, pour le

1. Tenant table ouverte, une table sur laquelle six chats angoras bleus se
promenaient parmi les assiettes.

temps perdu, c'est-à-dire gagné. Je repris le chemin de Venise.

Venise n'est que le fil d'un discours interrompu par de longs silences, où, de temps à autre, divers pays l'emportent, comme ils m'ont emporté : vingt-cinq années en Suisse, dix années à Tanger ou en Espagne, huit années en Angleterre; sans parler de Paris.

Barrès écrivait : « Cette image de mon être et cette image de l'être de Venise concordent en de nombreux points. » Pour exprimer cela, mes titres sont moins grands, mais le temps que j'ai donné à Venise me permet de reprendre la phrase à mon compte. C'est surtout à travers mon passé que Venise, ainsi que Paris, fluctue sans couler.

La Brenta,
1925-1970.

Que de fois, avant la dernière guerre, ai-je pris la petite route des bords de la Brenta pour me rendre des thermes d'Abano, près de Padoue, à Venise! L'ennui des bains de boue, terminés dès neuf heures du matin, me chassait de l'*Orologio* où j'avais une chambre de nuit, pour Venise où m'attendait une chambre de jour. Il y avait alors peu de trafic entre Venise et la terre ferme; aujourd'hui Padoue est devenue une

annexe de Venise, la prolongeant jusqu'à Vérone et
Vicence; des cars, des pullmans, des routiers circulent
toutes les demi-heures entre les Eremitani et Piazzale
Roma, avalant la lagune plus vite que le train; Padoue
la provinciale, l'endormie, est maintenant une ville de
grand commerce, d'agitation, de fusillades d'échappements, noyée d'oxyde de carbone, auquel se mêle
l'odeur écœurante des raffineries de pétrole de Mestre,
qui rappellent Maracaibo, ou Sainte-Adresse.

Pour échapper à l'autostrade, on peut prendre la voie
de l'eau; la Brenta ouvre ses cinq ou six écluses au
Burchiello; en venant de la place Saint-Marc la
côte est abordée à l'ouest, par Fusine, ce qui évite
Mestre et Porto Marghera, surmontés d'un dais noi-
râtre. Le *Burchiello* était jadis le seul moyen de trans-
port, celui de Montaigne, du Président De Brosses, de
Goethe, et de Casanova dont les *Mémoires* s'ouvrent
par une si jolie description de ce coche d'eau dont le
musée Correr possède une maquette d'époque; embarcation à panneaux peints, avec des miroirs et des
bougies murales; des voyageurs masqués causent à
l'avant, les bateliers poussent à l'arrière; sur le toit,
une galerie à balustres retient les bagages et le couchage (voir le Tiepolo de Vienne).

Fusine nous a valu une page célèbre de Commynes,
la plus naïve et probablement la plus ancienne vue de
Venise en langue française; j'ai toujours eu pour elle
un goût si vif qu'il me faut la citer au passage :

« Ce jour que j'entray à Venise vindrent au devant de
moy jusqu'à la Chafusine *(Fusina)* qui est à cinq

milles de Venise; et là on laisse le bateau en quoi on est venu de Padoue le long d'une rivière, et on se met en petites barques, bien nettes et couvertes de tapisseries et beaux tapis veluz dedans... La mer y est fort plate... On aperçoit Venise et grand maisonnement tout en l'eau... »

La Brenta n'est plus la rivière d'été dont les eaux alpines rafraîchissaient les estivants vénitiens; pas d'arbres, des cabanes pavoisées de haillons, une eau couleur d'huile d'olive où flotte l'outre gonflée des chats morts, des cageots et des bidons crevés : pylônes et lignes de force sont la végétation touffue de l'Italie nouvelle; des canards cherchent à nager entre les bouteilles de plastique, ces nénuphars d'aujourd'hui; viennent ensuite quelques saules dont on comprend les pleurs, ou des roseaux pareils aux plumes des *bersaglieri;* sur l'eau, hautains, mal étamés, des ponts tournants ouvrent au passage leurs bras métalliques au *Burchiello* d'aujourd'hui, qui n'a plus rien de commun avec son ancêtre («le petit-fils du Bucentaure », disait De Brosses), vedette de cinquante places, tout vernis, chromes et oriflammes, qui sonne du klaxon et hennit d'impatience au fond des écluses où, parfois, on l'oublie.

C'est l'hiver que les Vénitiens de jadis se réfugiaient, en ville, après les chasses, quand la *bora* commence à souffler du haut du Grappa, c'est-à-dire en novembre. Bals et vie publique duraient jusqu'en juin; alors l'on retournait sur la Brenta, ou dans les villas palladiennes des monts Euganéens. Dès le XVIe siècle, la Brenta est en faveur; chaque famille patricienne y possède une

ou plusieurs villas; les Pisani en ont jusqu'à une cin-
quantaine; la résidence des Contarini, à Piazzola, conte-
nait cinq orgues, deux théâtres où cinq carrosses attelés
peuvent circuler de front, un lac et assez de chambres
pour cent cinquante hôtes, avec leurs domestiques.

Les premières gravures, des XIVe et XVe, nous montrent
des maisons fortes, crénelées, sans fenêtres, ni escaliers;
deux ou trois siècles plus tard, ce sont de tout autres
demeures, dont les Tiepolo ou les Longhi du Musée
Rezzonico, les scènes champêtres de la galerie Papadopoli, nous révèlent l'existence. Indolence, musique,
siestes, babillages de dames, entre maris et cavaliers ser-
vants, parmi une nuée d'amis, de parasites, de joueurs
de clavicorde, dont aucun ne quitte de l'œil les tables,
où des pyramides de vaisselle d'étain attendent l'arrivée des plats.

J'ignore l'état où se trouvent actuellement la cen-
taine de villas visitées jadis, toutes plus ou moins
pareilles, avec leurs grilles de fer forgé que les herbes
empêchent d'ouvrir, leurs pilastres couronnés d'obélisques ou de divinités de pierre, à perruque de
lichens; qu'en ont laissé les lotisseurs, les dévalua-
tions, les occupants? Seule la villa Pisani de Strà,
entretenue par l'État, est assurée de l'avenir. Mais
le Salon de Psyché et les plafonds en trompe l'œil
de la villa Venier; ceux de la Casa Widmann; les
chinoiseries de la Barbariga; le salon de jeu de la villa
Giustiniani; la salle de Junon de la villa Grimani;
tous ces jardins d'Armide ou du *Songe de Polyphile*,
toute cette féerie de demeures que j'ai connues, les

unes intactes depuis trois siècles, les autres ruineuses?
Et leurs salons vert amande ou rose pâle, fendus du
haut en bas, pleins de charrues, de herses rouillées
et de carrioles dans lesquelles tombaient du plafond,
par grandes plaques pourries d'humidité et de vétusté,
les déesses de Véronèse, ou les danseuses de menuet
de Tiepolo?

J'ai trop aimé Palladio (on peut avoir une indigestion
d'aliments maigres); cette dictature de l'antique durant
trois siècles, de Stockholm à la Brenta, et de Lisbonne
à Pétersbourg, ces rigides façades de temples grecs
engagées dans un cube de briques, il arrive qu'elles
révoltent la fantaisie; il faut tout le génie de Gabriel,
uni au plus beau matériau du monde après le penté-
lique, la pierre de Vaugirard, pour éloigner de nous
l'ennui du néo-classique.

La Malcontenta.

Les gondoles privées, à l'amarre, sur notre passage,
hochent tristement du fer; nous troublons leur rêve.
La première villa où s'arrête le *Burchiello* est la *Malcontenta*. Nom d'origine obscure, soit qu'une dame de la
famille Foscari, à qui appartenait la maison, y ait été
confinée pour sa mauvaise conduite, soit que la population ait été mécontente d'une adduction d'eau qui la
défavorisait.

La villa, c'est à peine si je la reconnaîtrais, tant les
peupliers d'Italie, ces beaux arbres à croissance rapide,

l'ont entourée d'ombre; j'avais gardé le souvenir d'une
demeure dramatiquement isolée, et je la retrouve
dégagée, entourée de pelouses et de boulingrins. Elle
était belle ainsi, intacte de lignes, épurée par la pauvreté et la solitude, telle que les siècles l'avaient oubliée,
depuis 1560, éloignée de tout, dans un paysage nu,
hantée de *ladri* et de *rapinatori*.

Balzac y a planté un décor, où Massimilla Doni
tient par la main le bel Emilio; cachée entre lagune
et montagne, Massimilla gémit de son trop respec-
tueux amant... Balzac a-t-il connu la Brenta, ou bien
appréhendait-il instinctivement la nature comme il traversait les êtres? Sa description d'un palais palladien
a la précision de ces relevés d'huissier qu'on appelle
avec raison un exploit.

Vers 1928, Catherine et Bertie avaient découvert la
Malcontenta dans l'état où l'avaient laissée les bombes
autrichiennes, lors du siège de 1848. Bertie avait décidé
d'acheter la villa et de la restaurer : une vie n'y eût
pas suffi; abandonnée au milieu des champs de maïs,
parmi les saules qui n'étaient plus que des souches,
cernée d'eau croupie, la *Malcontenta* dominait la
rivière sans pente; d'abord torrent, comme l'Isonzo, le
Mincio, l'Adda ou le Tagliamento, épuisée par sa descente du haut de l'Alpe, la Brenta s'aplatit en mare
à l'approche de la lagune; son eau mate, délustrée,
couleur d'huile de vidange, aux reflets de rouille, semble
répugner à atteindre à Mestre; ses rives de boue craque-
lée, ses ponts sans reflets, son épiderme insensible en
font une pâte innommable que ne frise aucun vent; les

cartes anciennes retracent son parcours : imitant les autres rivières dolomitiques, elle dessine les tentacules d'une pieuvre enserrant Venise.

Avec la patience d'un amateur passionné, mais sans moyens, Bertie avait traîné à la *Malcontenta* de la literie, des hamacs brésiliens, des tentes du haut Amazone; Catherine, infatigable, impériale, absolue, persévérante dans le futile, l'aidait de son exubérance. Au centre d'une croix latine où se rencontraient quatre salles, on déjeunait sur une table de ping-pong alourdie de tous les fruits du Rialto, dans des faïences de marché aux puces, tandis que Catherine, cette descendante de Vittoria Cappello doublée d'une chiffonnière, se donnait à la restauration du monument.

Les réunions de la *Malcontenta*, c'était un peu le *Banquet* de Platon et un peu l'abbaye de Thélème. Derrière des peintures d'un jaune paille très doux, parfois très rosé, les convives entraient dans le passé par les portes feintes. Pas de meubles, des chaises de paille, des caisses. (J'ai, visiteur anonyme, reconnu hier les mappemondes géantes du xviiie, et même un portrait de Bertie.)

Le repas terminé, les invités gardaient en main leur couteau, étaient requis d'avoir à gratter les murs pour y retrouver sous le crépi « des fresques de Véronèse ». Ne venait-on pas d'en découvrir à côté, à la villa Magnadola? Je me rappelle José-Maria Sert, effondré dans un fauteuil sans ressorts, entouré de ses deux épouses, Misia et Roussy, étendues à ses pieds; je revois Diaghilev, sa mèche se détachant en blanc sur les

cheveux teints, le monocle à ruban dans l'œil, considé-
rant le plafond, comme dans l'estampe de Daumier *Les
Amateurs de plafonds*, tandis que Lifar et Kochno
raclaient la chaux des murs. Catherine, mobilisant ses
enfants et ses amoureux passés, présents, futurs, qu'elle
avaît l'art de faire vivre ensemble, annonçait Véronèse
à chaque éraflure du crépi. Elles apparurent enfin, les
fresques invisibles, mais elles n'étaient pas du Grand
Paul, du *Sommo Paolo;* seulement l'œuvre de Zelotti
et de Franco : le *Salon de l'Aurore, Philémon et Baucis.*
Quelques années plus tard je les retrouvai, restaurées,
telles que les avait vues Henri III, le roi malgré lui,
lors de sa visite à la *Malcontenta*, le 17 juillet 1574.
Ce fut la plus belle de toutes les fêtes vénitiennes de
l'Histoire; les arcs de triomphe étaient peints par Véronèse et par Titien; les lois somptuaires abrogées pour
l'occasion, on vit les patriciennes et les courtisanes suivies de leurs servantes portant les vingt-cinq kilos de
perles de leurs maîtresses. C'est l'époque où la Renaissance tourne au baroque; dans son *Histoire de Venise,*
Daru nous montre le roi, sous l'Arc de triomphe édifié
pour lui par Palladio, habillé en sénateur vénitien. Des
verriers, installés sur un radeau, soufflent devant le
jeune monarque, dont les vingt-trois ans s'émerveillent
d'un monstre marin crachant le feu par les narines [1].
Henri III fut si satisfait des ouvriers de Murano qu'il
ennoblit leur corporation, se ruinant en miroirs et en

[1]. Lors d'un banquet de trois mille couverts, dans la salle du Grand
Conseil, les couteaux, fourchettes, nappes, serviettes étaient en sucre,
comme les surtouts de table, les statues des doges, les planètes et les animaux
d'après des dessins de Sansovino.

lustres; pour les payer, il emprunta cent mille écus à
la Sérénissime, ce qui fit dire au pape : « Voilà des écus
que les Vénitiens ne reverront jamais. » Cet Henri III
triomphant, n'allez pas le chercher loin, il est désormais
au musée Jacquemart-André, ayant fait pour vous le
voyage de la *Malcontenta* au boulevard Haussmann.

Ce que la *Malcontenta* abritait, c'était cette
douzaine d'êtres légendaires dont, à part Jean-Louis,
Lifar et Kochno, il ne reste plus personne; ils sont
partis à jamais, par les portes feintes du salon. Misia
(« A vingt ans, je la voyais chez son père, le sculpteur
Godebski, disait mon père, une belle panthère, impé-
rieuse, sanguinaire et futile »), Misia, non pas telle que
ses faibles *Mémoires* la recomposent, mais telle qu'elle
exista : effervescente de joie ou de fureur, originale et
emprunteuse, récolteuse de génies, tous amoureux
d'elle : Vuillard, Bonnard, Renoir, Stravinsky, Picasso...
collectionneuse de cœurs et d'arbres Ming en quartz
rose; lançant ses lubies, devenues des modes aussitôt
reçues par tous les suiveurs, exploitées par les décora-
teurs, reprises par les journalistes, imitées des femmes
du monde à la tête vide. Misia, reine du baroque
moderne, ayant organisé sa vie dans le bizarre, dans
la nacre, dans le burgau; Misia boudeuse, artificieuse,
réunissant des amis qui ne se connaissaient pas « pour
les mieux pouvoir brouiller ensuite », affirmait Proust.
Géniale dans la perfidie, raffinée dans la cruauté, Misia,
dont Philippe Berthelot disait qu'il ne fallait pas lui
confier ce qu'on aime : « Voici le chat, cachez vos
oiseaux », répétait-il, quand elle sonnait à sa porte.

Dans sa boutique fantasque du quai Voltaire, elle exci-
tait le génie comme certains rois savent fabriquer des
vainqueurs, rien que par la vibration de son être, par
une oscillation invisible de sa branche de coudrier, Misia,
forte comme la vie chevillée en elle, avare, généreuse,
mangeuse de millions, enjôleuse, brigande, subtile,
commerçante, plus Mme Verdurin que la vraie, prisant
et méprisant hommes et femmes, du premier coup
d'œil. Misia du Paris symboliste, du Paris fauve, du
Paris de la Grande Guerre, du Paris de la paix de
Versailles, du Paris de Venise. Misia, aussi capitonnée
qu'un sopha, mais, si vous aspiriez au repos, un sopha
qui risquait de vous envoyer au diable. Insatisfaite
Misia dont les yeux perçants riaient encore que déjà la
bouche faisait la moue.

Chez cette gourmande écœurée, le dégoût suivait le
ravissement, et le non, le oui, comme le tonnerre,
l'éclair; avec elle, il fallait faire vite.

1929.

A la porte d'eau des maisons de Venise, on expose sa vie en posant le pied sur le seuil. « Cité glissante », dit d'elle D. H. Lawrence. J'y arrivai au lendemain de la mort de Diaghilev. Je revoyais cette vie d'imprésario génial, à qui l'amour de l'art avait donné son unité; il est sourcier, beaucoup plus qu'imprésario, il a le génie de l'électro-aimant; l'intelligence est assez moyenne pour ne pas offusquer son sens de la découverte; son secret vient de ce qu'il ne pense qu'à se faire plaisir, ne cherchant que l'accord d'une douzaine d'amis, Picasso, Stravinski, Lady Ripon, Misia...; totalement indifférent au goût du jour, ne regardant pas par le trou du rideau; jamais un sou de côté. Seul le somnambulisme pourra expliquer sa témérité, son ignorance de l'obstacle, ses improvisations folles, les yeux fixés sur son étoile (le final de *Petroucka* inventé dix minutes avant le lever du rideau, à la générale).

Depuis 1904, quand le prince Volkonsky, directeur

des Théâtres impériaux, se séparait du tout jeune choré-
graphe, lui reprochant d'avoir monté *Sylvia* « avec trop
d'idées personnelles » jusqu'à sa mort à Venise, je repensais à la destinée de Serge, révolutionnaire et classique,
montreur de monstres, débarquant à Paris pour y jeter
la semence moscovite — peinture, musique, puis chant et
danse. Ballets russes dont, simple soldat, au débarquer
de la gare Saint-Lazare, j'allais, au Châtelet ou à l'Opéra,
meubler le poulailler. Diaghilev se faufile dans mon
passé comme le cerf dans la forêt; *j'en ai revu*, disent
les veneurs; de Serge, combien en ai-je *revu!* Du Châtelet, 1910, à Londres, en 1913, j'avais connu Diaghilev triomphant, avant de le retrouver, en Espagne,
quatre ans plus tard, dans la misère (dans la richesse,
jamais); impavide sous les sifflets, d'une courtoisie
d'Ancien Régime que, parfois, des tempêtes viennent
démentir, quand éclate quelque drame de sérail;
sous le Russe, toujours le Chinois sommeille... Cosmopolite en apparence, mais Russe jusqu'à l'âme,
reconstituant partout ce climat eschatologique et byzantin de la Russie éternelle; apothéoses, ruines, dettes,
persécutions, corps adorés cousus dans un sac et jetés
dans le Bosphore; jouant Nijinsky contre Fokine,
Benoit contre Bakst, Lifar contre Massine, dans une
tempête de champagne, de télégrammes délirants, de
gastronomie et de pain sec, avec promesses de bonheur
et menaces de suicide, et, pour finir, diabète mortel
soigné par dix plats défendus; tel était Serge, bourreau
torturé. 1929 ne fut pas seulement la date de sa mort,
mais celle d'une délicieuse immunité, d'une certaine

liberté d'allure, d'un bon plaisir plus fort que le plaisir
lui-même; la fin d'une chevalerie errante, d'une intelligence secrète entre les membres d'une secte... qui
n'existait pas. Diaghilev interdit de séjour pendant la
Grande Guerre; suspect même dans les pays neutres,
jusqu'au moment où il charme Alphonse XIII, à qui il
révèle le jeune Picasso peintre des décors de *Parade*. Au
printemps 1918, tous les jours nous déjeunons ensemble,
au *Palace* de Madrid; Massine l'a quitté pour aller à
Barcelone prendre des leçons de danse espagnole;
Diaghilev n'a que moi comme confident; j'entends
ses invraisemblables infortunes; comment décors
et costumes des Ballets ont fait naufrage devant
Cadix — des naufrages à la *Candide*; comment
ce qui fut sauvé du désastre périt dans un incendie
sud-américain; comment Clemenceau lui ferme la frontière. (Pour une fois impuissante, Misia n'a pu lui
obtenir un visa; Philippe Berthelot est en disgrâce
et elle n'a pas encore conquis Mandel.) En 1920, je
retrouve Diaghilev réinstallé à Paris; il a déjà eu le
temps de faire le tour de la nouvelle peinture, d'avoir
choisi les meilleurs, sans faire d'erreur, ne laissant
jamais tarir une source.

Le 19 août 1929, quelques jours avant mon arrivée,
ce lit de parade flottant qu'est un convoi vénitien
emportait vers l'îlot funèbre de San Michele la dépouille
du magicien. Lifar se précipita dans la fosse. Chaque fois
que je vois passer, se dirigeant vers San Michele, un
convoi funèbre, avec le maître de cérémonie debout
derrière le gondolier de poupe, et l'ordonnateur adjoint

à la proue, près d'un lion de saint Marc argenté, cachant son affliction sous ses ailes repliées, je pense au repos de Diaghilev, homme infatigable.

La mort ne devait pas abattre la tempête dans laquelle vécut Diaghilev; son agonie avait, à des passions inconciliables, imposé une trêve; elle fut rompue dès son dernier soupir; les deux amis qui le veillaient se jetèrent aussitôt l'un sur l'autre, au pied du lit. Je tiens le récit de ses derniers moments des trois femmes qui étaient présentes, de Misia, de Chanel, et de la baronne Émile d'Erlanger.

Comme écrivait Byron à Murray, de Venise, le 25 novembre 1816 : « L'amour, dans cette partie du monde, n'est pas une sinécure. »

1929.

Quelques changements de décor : les cabines du Lido devenues innombrables, expression d'un prestige social, comme les loges de la Scala, à l'heure de Stendhal. Le pont de fer de l'Académie a été revêtu d'un échafaudage de bois, style Carpaccio ou Bellini; le palais Franchetti s'est offert une pelouse.

D'avoir tant frappé sur leur cloche, en mon absence, les automates de la Merceria, les *Mori*, ont les bras tout raides.

Ile San Lazzaro.

Depuis que le Lido rivalise avec Saint-Tropez, le
contraste est plus vif encore de cette plage avec l'île de
San Lazzaro, à une encablure. Après l'enfer estival, c'est
le calme de la prière; chaque heure se déguste sous les
magnolias, au centre de ce cloître qui se répète comme
un chapelet. La Sérénissime a offert au clergé mékhitha-
riste cet îlot, à son arrivée de Candie, d'où le Turc
l'avait chassé, et il en a fait cet asile, loin des jambes
brûlées, épilées, loin de ces dos de poulets cuits à l'infra-
rouge. Un mécène arménien vient d'offrir au couvent
une construction octogonale, grande comme un dôme
d'église, climatisée, où sont conservés les manuscrits;
tout ce qui reste d'une très grande civilisation; civilisation, nous ne savions pas que vous tiendriez dans une
salle qui n'a pas plus de la moitié de la salle de lecture
de la Bibliothèque nationale! Le rite arménien, comme
l'orthodoxe, a su reconnaître la valeur du mystère:
un rideau isole l'officiant (un rideau de velours tissé

d'or, offert par la défunte reine Marguerite d'Italie);
par trois fois, à la Consécration, avant et après la
Communion, le prêtre disparaît aux yeux des fidèles;
Dieu y gagne.

Je n'avais pas mis le pied aux Arméniens depuis un
demi-siècle; pour une aussi vieille civilisation, c'est un
instant. Les cyprès ont grandi, roussi au vent de mer,
les Frères melchites, « couleur barbe de météore »
(Byron), ont blanchi; leur cimetière, a doublé. Ce rite
catholique oriental, partagé comme Venise et comme
moi-même, entre l'Orient et l'Occident, entre foi
romaine et orthodoxie, reçut ici asile après la défaite
de Morosini en Morée, au xviie siècle. Avec Vienne
et Etchmiadzin, le refuge de ces moines en manteaux
noirs demeure un centre fameux d'études byzantines.
Napoléon, qui ferma les couvents, respecta ces anachorètes vénitiens; se les réservait-il pour l'accomplis-
sement de son rêve oriental?

Je leur suis reconnaissant d'avoir été les premiers
importateurs des chats angoras en Occident.

Proust au couvent des Arméniens.

Byron ramait, trois fois la semaine, de Venise à San
Lazzaro, où il venait apprendre l'arménien; après son
nom, on lisait, sur le livre des visiteurs : *Byron, Anglais.*
(Il méprisait l'Angleterre, mais à l'étranger en était
fier.) A son tour Proust vint ajouter sa signature sur

le registre, au printemps 1900; lui, n'étant pas un exilé nostalgique, ne l'a pas fait suivre du mot *Français*.

Il semble inimaginable qu'à la fin de 1919 Proust rencontre encore de la difficulté à placer dans les journaux une chronique sur Venise, espérant humblement qu'« elle va être prise ». Toute sa vie, Proust se promit Venise; il espérait, disait-il, à la fin de la Grande Guerre, pouvoir y retourner avec Vaudoyer ou avec moi, son œuvre terminée; il y rêvait de loin depuis son enfance, pareil à sa grand-mère qui, elle, n'y alla jamais; il y pensait lorsqu'il passait l'automne à Évian, en ces débuts de septembre où le Léman prend de doux accents lombards, semble se rapprocher des îles Borromées dont le Simplon le sépare à peine par sa masse, jadis infranchissable, aujourd'hui facilement enjambée ou trouée; mêmes palais d'été, même transparence des rives, même couleur de truite au bleu des surfaces matinales.

Proust avait la vocation de Venise (et pas seulement celle des cravates d'*Au Carnaval de Venise*, boulevard des Capucines, où Charles Haas se fournissait). Comment fuir l'Exposition universelle [1], se demandait-il, comment arriver seul, si souffrant, jusqu'à la cité magique? Il lui eût fallu un compagnon, il n'en trouvait pas; une lettre de lui, datée d'octobre 1899, n'est qu'un cri vers Venise. Qu'attendaient,

1. Celle de 1900.

pour lui servir de guide, Emmanuel ou Antoine Bibesco,
les deux neveux de la grande musicienne qui accueillit
si souvent Proust dans sa villa Bessaraba, à Amphion?
L'Italie n'était qu'à trois heures... Au début de mai
1900, Proust apprend que Reynaldo Hahn et sa cousine
Marie Nordlinger sont à Rome, qu'ils vont se rendre à
Venise. Il n'y tient plus, décide Mme Proust à l'accompagner; dès Milan, dans le train, elle lui traduit Ruskin...

Dans l'index de la *Recherche*, édition de la Pléiade,
Venise revient cent fois; on y suit l'ivresse de Proust
pour la ville enfin conquise dont il oublie les fièvres
redoutées, témoignage d'un jeune homme étourdi par
la splendeur de Saint-Marc, d'un Marcel étonnant sa
mère, car il trouve la force d'être debout à dix heures
du matin, etc.[1].

Le mois de mai se passe; l'acide proustien se combine
à merveille avec la base vénitienne. *La Fugitive*
contient cent impressions diverses, où Venise se mêle,
se confond avec Combray (rôle des maisons de la
Grand-Rue comparé à celui des palazzi, rapports entre
les jeux du soleil sur les stores du canal et sur ceux
du magasin de nouveautés familial, confrontation de
l'hôtel Danieli et de la demeure de tante Léonie, etc.).
La *Conversation avec Maman*, dans *Contre Sainte-Beuve*,
révèle d'autres récollections : « Quand ma gondole me
ramenait, à l'heure du déjeuner, j'apercevais le châle
de maman posé sur la balustrade d'albâtre », etc.

---

1. Voir aussi ce que Proust dit de Venise dans ce Cahier 50 (si savamment
exploré par Maurice Bardèche dans son *Marcel Proust romancier*, t. I, 1971).

Ces souvenirs de *Contre Sainte-Beuve* sont plus
anciens que ceux de *La Fugitive*; ils ont ceci en commun
qu'ils font état d'une brouille entre le fils et la mère
qui m'a toujours intrigué, étrange querelle qu'on aimerait pouvoir éclaircir, tant ce différend aura une résonance durable; ils ont ceci de singulier que, premier
en date (quoi qu'il soit difficile d'en fixer une, car il
est fait de morceaux réunis entre 1905 et 1909), le
Contre Sainte-Beuve nous parle « d'un soir où, méchamm-
ment, après une querelle avec maman, je lui avais dit
que je partais (de Venise)... J'avais renoncé à partir,
mais je voulais faire durer le chagrin de maman de me
croire parti ». Ici, c'est donc le fils qui veut rentrer à
Paris (comme sa mère n'est venue à Venise que pour
lui, on ne comprend pas pourquoi elle n'accède pas au
désir de son fils de rentrer)...

    ... alors que, plus tard, dans *La Fugitive*, où le séjour
vénitien est traité plus longuement, la situation est
inversée; cette fois, c'est le Narrateur qui refuse de
quitter Venise et de revenir à Paris avec sa mère :
« Ma mère avait décidé que nous partirions... ma
prière (de rester) réveilla dans mes nerfs excités par le
printemps vénitien ce vieux désir de résistance... cette
volonté de lutte qui me poussait jadis à imposer bru-
talement ma volonté à ceux que j'aimais le plus. » La
fin est connue : après avoir laissé sa mère partir pour
la gare, le Narrateur court après elle, la rejoint au
moment où le train s'ébranle; il y a loin du *Danieli* à
la *Stazione*, mais l'élan filial raccourcit le trajet. Une
fois encore, le cordon ombilical ne sera pas coupé.

Cette nouvelle version d'un conflit entre fils et mère semble plus proche de la réalité que la première. Pour Proust, Venise, c'est la cité de son inconscient (style 1900).

Chacun de nous renferme des *Plombs;* les plus célèbres sont peut-être les moins obscurs, ceux dont on peut s'évader. Proust, image même de l'introverti, s'oppose à Casanova, cet extraverti type.

Où était la Venise de Proust, sinon en lui-même? A travers toute la *Recherche*, Venise restera symbole de liberté, d'affranchissement contre la mère, d'abord, ensuite contre Albertine; *Venise, c'est l'image de ce que la passion l'empêche de réaliser;* Albertine lui cache Venise comme si l'amour offusquait tous les autres bonheurs.

Dans la réalité, Proust rentra à Paris fin mai 1900, avec sa mère. En automne, il prit sa revanche; tenace, il revient à Venise, seul cette fois, comme il le désirait. Il y demeura dix jours, en octobre 1900, non au *Danieli,* mais à l'*Hôtel de l'Europe,* face à la Salute. « Voyage fort mystérieux », écrit Painter. Psychologiquement, peut-être, mais pas littérairement, puisque *La Fugitive* nous a valu des pages fameuses, décrivant les promenades solitaires du Narrateur « par d'humbles *campi,* par des *rii* abandonnés », dans une quête passionnée de Vénitiennes, « seul... au milieu de la ville enchantée, comme un personnage des *Mille et Une Nuits* ».

Proust, prince masqué d'une Sérénissime très peu sereine, d'une Venise bien différente de la ville de banquets, d'honneurs, de fanfares, qui avait accueilli

Adrien Proust, le père de Marcel, en octobre 1892, lorsque, professeur hygiéniste, il avait représenté la France à une conférence internationale sanitaire qui se tenait à Venise.

Pour la santé de l'âme, pensais-je en quittant San Lazzaro, mieux vaut choisir une autre ville que l'androgyne Venise, « quand l'on ne sait où finit la terre, où commence l'eau », comme Elstir le dit à Albertine.

Trois cafés vénitiens.

Trois cafés vénitiens m'ont attendu, à travers les années, sans changer. Pour le matin, c'est au pied de l'*Accademia*, à l'abri du pont; le verre d'orangeade est au niveau du Canal. On reçoit le soleil de face, vers dix heures; l'air n'a pas encore servi; il court à vous, tout débarbouillé, venant de la mer. Assis à ce petit café, presque sous l'arche du pont, je lis VOIR VENISE ET CREVER, de J. H. Chase. La « Série Noire », dernier refuge du romantisme... « *D'une main, Don prit son adversaire à la gorge; de l'autre, il plaça un crochet à la mâchoire; Curzio tomba dans le canal...* »

Dans cette république secrète, avec ses morts étouffés sous les plombs ou discrètement noyés au large de Sant'Ariano, de semblables directs au corps, des uppercuts si brutaux, résonnent drôlement. Il y a là une symétrie qui donne sa saveur à l'antithèse.

Mon café de la nuit, c'est à la Fenice. La placette contient deux églises, le théâtre, un grand restaurant et le bar du théâtre. De quoi tout jouer, sur cette place, depuis Gozzi jusqu'à du Courteline. Un épais tapis de polygonums à fleurs blanches cache les lanternes, tamise la fumée qui sort du comptoir plein de hippies, très vagues, très drogués, l'air d'hommes-grenouilles oubliés au fond de l'eau. La place est éclairée par des projecteurs qui noircissent le ruban de ciel et font éclater le poli de la pierre, sortir de l'ombre les colonnes; entre Dieu et les Muses c'est à qui soutiendra le plus de gloire; tout y est créé par l'homme, pour l'homme; tout si équilibré, si bien assis sur l'eau invisible, tous les plans s'entendent si bien à construire l'harmonie qu'on se sent aussi heureux que si on avait bu.

Pour la canicule, il existe un autre café, sur la place San Zanipolo, où l'on peut faire la sieste derrière le *Gazzettino*, sans être dérangé. On a au-dessus de soi le Colleone, et derrière, l'Ospedale; à gauche, à droite l'église San Giovanni e Paolo, panthéon gothique des plus grands doges, Mocenigo, Morosini, Loredan et ce Venier qui commandait à Lépante, vengeant le pauvre Bragadin à qui le Sénat offrit ici même, dans la nef, un monument, pour le consoler d'avoir été si maltraité par le Turc. Crime impardonnable, en Orient, que de vouloir se poser en vainqueur lorsqu'on a été battu. Famagouste, épuisée par un long siège, au XVIᵉ siècle, capitule devant le Turc. L'amiral vénitien Marc-Antoine Bragadin, défenseur de la ville, se rend au pacha qui l'invite courtoisement à dîner. Bragadin, brillamment escorté, arrive au festin abrité sous un parasol de soie rouge, symbole asiatique de suzeraineté. Le pacha res-

sent si fortement l'offense qu'il fait arrêter Bragadin
avant de sortir de table; les oreilles et le nez coupés,
on mutile l'amiral; l'exécution est trois fois différée;
dix jours de suite il est amené devant le pacha et doit
baiser le sol; après quoi, il est dépiauté vivant *(scorti-
cato vivo);* son cadavre bourré de paille est promené
sur une vache à travers la ville, sous son orgueilleux
parasol rouge, avant d'être séché et expédié à l'arsenal
de Constantinople.

Les Vénitiens en reprirent possession, après Lépante.
Bragadin repose, aujourd'hui, en cette belle nef gothique
de San Giovanni e Paolo.

Au xviie, un autre Bragadin fut surpris glissant dans
la fente d'un banc d'église un billet pour l'ambassadeur
d'Espagne et pendu entre les deux colonnes de la Piazzetta. Un troisième et non moins infortuné Bragadin,
l'alchimiste, avait voulu vendre au Doge une recette
pour faire de l'or; incarcéré, il s'était enfui en Bavière,
où il fit mille dupes et vécut en roi. Le bourreau de
Munich lui trancha la tête, avec l'épée à deux mains.

Un siècle plus tard, c'est encore un Bragadin, ancien
Inquisiteur, qui sera le premier protecteur du jeune
Casanova; sous prétexte de lui enseigner la kabbale,
Casanova le dupera.

Du coin de mon petit café de Zanipolo j'observe le
Colleone (Colleoni en italien); à qui s'adresse le défi
du regard perçant, à ses contemporains ou à la posté-
rité? Comment un capitaine si résolu, si bien assis, a-t-il
pu vivre si peu assuré de ses alliés qu'il en chan-
geait comme de chemise? (de son temps, déjà, on disait

des condottieri qu'ils étaient fameux batailleurs, mais qu'« ils ne s'ensanglantaient que très peu la chemise »). Toute la vie du grand couillon s'est passée à se battre pour Venise contre Milan, ou pour Sforza contre le Conseil des Dix; ceux-ci ne semblent pas lui en tenir rigueur, puisque à chaque désertion le condottiere vient leur renouveler ses offres. Il est difficile de s'installer dans l'esprit du xve siècle; (même en notre âge de mercenaires) : comment ces têtes admirables, dont Verrochio, Donatello, Ucello, Antonello de Messine, La Francesca, Vinci, nous ont laissé l'image, ont-elles pu être celles de simples entrepreneurs de batailles, sans morts? Mentaient-ils, cette face terrible du Bergamasque, ce front sourcilleux, ces yeux d'épervier, cette bouche qui ne pardonne pas, ce regard de ruse? Valait-il par lui-même, Colleone, ou par sa compagnie aventurière dont il obtenait un service d'autant plus fidèle qu'il ménageait ses hommes et les payait bien; mieux qu'il ne l'était lui-même; ses comptes existent, sur lesquels le Sénat de Venise chipote, ducat par ducat, ne s'acquittant qu'avec de grands retards, après avoir essayé d'obtenir un rabais (c'est à qui roulera l'autre).

Ces condottieri, dont la renommée a duré trois siècles, valaient leur prix; il existait à la fin du xve, dans l'Italie du Nord, un véritable marché des bandes, des *milizie* achetables, compagnies d'aventure louées à temps ou à forfait, cotées très cher, même à l'étranger. Du Colleone, Louis XI et le Téméraire se disputent longtemps le concours, enchérissant auprès du doge pour qu'il le leur sous-loue, ce qui met dans l'embarras la République qui ne veut pas désobliger de si grands princes.

*

Jadis, le *Gazzettino* de Venise publiait la liste des gens tombés à l'eau dans la journée; cette rubrique a été supprimée. Choit-on moins?

Tout était original, ici : la Sérénissime avait son propre calendrier, commençant le 1er mars; les jours étaient comptés à partir du coucher du soleil.

Le vrai ennemi de Venise, ce ne fut pas le Turc, mais l'Italien de terre ferme; la guerre contre l'Infidèle enrichit la République; les guerres contre Milan ou le Pape la ruinèrent.

L'équitation à Venise, jusqu'au XIVe siècle. Sur la place où cavalcade le Colleone, existait un manège de soixante-quinze chevaux.

Les deux marchands chrétiens qui, à Alexandrie d'Égypte, dérobèrent le corps de saint Marc afin de le ramener à Venise, imaginèrent, pour éloigner les Musulmans, d'enfouir la relique dans une carcasse de porc salé.

Ce canaletto noir; au bout, tout en haut de la perspective, une maison d'un rouge amorti; le soleil, en déclinant, atteint soudain la façade, l'éclaire comme on allume un cierge.

L'eau donne aux sons une profondeur, une rémanence veloutée qui durent au-delà d'une minute; on croit descendre dans les grands fonds.

Au sortir de la bibliothèque Sansovino, dont la cour a été vitrée pour devenir salle de lecture, je franchis la porte qui ouvre sur les Procuraties, entre deux géants dont les genoux m'arrivent à hauteur du visage. Le soleil décline sur le pont de la Paille; fond du décor, Saint-Georges-Majeur, que les grands paquebots, qui se hâtent avant la nuit vers les passes, semblent prêts à rafler au passage.

Les journaux de Paris viennent d'arriver; il est six heures. Frottées de couchant, les mosaïques de Saint-Marc reluisent comme une batterie de cuisine de mille ans.

A Venise, l'homme connaît une joie nouvelle : ne pas avoir de voiture, comme à Zermatt, comme jadis aux Bermudes, heureux dans une cité sans trottoirs, sans feux [1], sans sifflets, où la promenade à pied coule, pareille à l'eau : me voilà parti, sans poids spécifique, un vrai ballon.

Les maisons de Venise sont des immeubles, avec des nostalgies de bateau : d'où leurs rez-de-chaussée souvent inondés. Elles satisfont le goût du domicile fixe et du nomadisme.

Venise est la ville la plus chère d'Italie, mais ses vrais plaisirs ne coûtent rien : cent lires le *vaporetto*, du Lido à la gare, par l'*accelerato*, c'est-à-dire par le service le plus lent.

Ici, les propriétaires prétentieux s'offrent un arbre.
A l'entrée du ghetto, les soldats du Directoire plantèrent un arbre de la Liberté.

Midi; personne ne parle plus; les Vénitiens ont des spaghetti plein la bouche; ils y ajoutent tant de fruits de mer que les nouilles deviennent algues.

1. Un seul, à un croisement, au Rio Nuovo.

La boutique de coquillages pour collectionneurs, au coin de la rue du Dauphin.

Una sposa, à Venise, ce n'est pas la femme mariée, mais la future; on brûle les étapes.

Une vie ressemble souvent à ces palais du Grand Canal commencés en bas par un appareil de pierres orgueilleusement taillées en pointes de diamant, leurs étages supérieurs hâtivement achevés en boue séchée.

Comme une vieille sur ses béquilles, Venise s'appuie sur une forêt de pieux; il en a fallu un million rien que pour soutenir la Salute; et c'est insuffisant.

Par très mauvais temps, place Saint-Marc, l'eau sourd du joint des dalles; cela me rappelle le Nouveau Cirque, rue du Faubourg-Saint-Honoré, qui à la fin du spectacle, devenait piscine.

Les voiles de Chioggia ont les mêmes peintures rouges, sur le même fond rouge, que les suaires incas...

Les palais du Grand Canal, avec leurs ceintures d'algues noires et de coquillages.

Ces Leica, ces Zeiss; les gens n'ont-ils plus d'yeux?

De tous les bacs, le plus charmant, celui de Santa Maria de Giglio, avec ses gondoliers qui jouent aux cartes sous la vigne vierge rouge, en octobre. Il faut attendre qu'un point de piquet ait été marqué pour oser monter à leur bord.

Enserré dans les *rii* de Venise comme un signet entre les pages; certaines rues si étroites que Browning se plaignait de n'y pouvoir ouvrir son parapluie.

Le plus bel emplacement de cireur de bottes, c'est à la sortie de la Merceria. Pendant qu'il astique, voici le spectacle : lignes de fuite de Saint-Marc, allongées des ogives du Palais ducal; au premier plan, les deux lions de porphyre polis par le trot sans étriers des petits Vénitiens, depuis mille ans; à droite, le Campanile jette son ombre sur mon pied. Au bout de l'enfoncement perspectif, comme toile de fond, Saint-Georges-Majeur, immense... jusqu'à ce qu'un pétrolier s'interpose, en réduisant l'échelle à l'image d'une peinture au fond d'une assiette; le vapeur, plus immense que l'église, a sa proue déjà au Danieli que la poupe dépasse à peine la Douane.

Venise est venue s'échouer où on ne pouvait pas le faire : ce fut son génie.

Les Vénitiens ont inventé l'impôt sur le revenu, la statistique, les rentes sur l'État, la censure des livres, la loterie, le ghetto, les miroirs de verre.

Montaigne se rend chez une courtisane lettrée, qui lui lit une interminable élégie de sa composition; Montaigne s'en serait tiré à meilleur compte avec la vérole.

Les vautours de Venise, ce sont les chats.

Au XIVᵉ siècle, pendant deux heures, le Grand Canal s'est trouvé à sec, après un tremblement de terre.

Le cheval du Colleone : on peut reprocher à Verrocchio la queue, un peu basse. Et comment le cavalier peut-il obtenir cette élévation de l'avant-main avec un éperon si éloigné de la sangle?

Fameuse, cette boîte aux dénonciations anonymes, placée à l'entrée du Palais des Doges, et qui s'ouvrait dans une bouche de lion; ces *bocche di leone*, les inquisiteurs les avaient placées non seulement au Palais, mais dans chaque quartier. Ce ne sont pas des lions qu'il faudrait au blason de la Sérénissime, mais des vipères.

Le premier rôle de la Duse, ce fut Cosette... (*Festival du théâtre*, Venise, 1969.)

Qui a décrit Reynaldo Hahn à Venise : « Un piano droit, beaucoup de fumée, un peu de musique »?

Un homme de lettres parisien.
En 1834, débarquant au *Danieli*, où court Alfred de Musset? au cabinet de lecture Missiglia, pour voir si *La Revue des Deux Mondes* est arrivée.

Le printemps : que d'autres repeignent leurs façades; en mars, le Vénitien gratte d'abord le ventre de sa gondole.

Où, mieux qu'à Venise, peut Narcisse se contempler?
Wagner, au café Quadri, écoutant sa propre
musique...

Un Vénitien ne visite jamais le reste de l'Italie[1].

Le dialecte vénitien s'illustre par sa lettre Z; le
Grand Canal lui-même forme un Z.

1934.

« Venise, masque de l'Italie » *(Byron).*
Devant la Scuola San Marco, je rencontre Fulgence,
en compagnie de Bernardine, son épouse; ils logent
près de l'Académie.
Me prenant à part :
— J'ai installé Françoise au Lido et j'ai persuadé
Coralie d'aller se cacher à Padoue, me confie Fulgence.
Mes deux belles ne se connaissent pas, heureusement.
Et moi, je me réserve Venise, avec Bernardine.
Le mariage, ce contre-feu...

1. Un Sévillan ne monte jamais à Madrid; un Lausannois ne va pas
à Genève.

1934.

Mort de Stavisky, apprise à Venise. L'U.R.S.S. entre à la S.D.N. Mort du roi Albert, assassinat de Dollfuss. Nuit des Longs Couteaux. Hindenburg. Hitler maître de l'Allemagne. Publication de *L'Armée de métier*, par de Gaulle, avec préface de Pétain.

Comment retrouver ces faits dans le trésor de l'Histoire? Le doge lançait son anneau à la mer; qui eût pensé qu'un pêcheur retrouverait cet anneau dans le ventre d'un poisson, et qu'un jour on pourrait le voir dans le Trésor de Saint-Marc?

Je découvre une ancienne et savoureuse communication à l'Institut du comte de Mas Latrie : *De l'empoisonnement politique dans la république de Venise;* d'où il ressort qu'on a assassiné, au Palais des Doges, jusqu'à la seconde moitié du xviiie siècle; non seulement le Sénat se montre souvent intéressé par les propositions des aventuriers, mais il le fait savoir, discute les avances, qui varient suivant le personnage à occire, un sultan ou un simple chef albanais. Qui fournira le poison, et lequel?

Là-dessus, les érudits vénitiens du siècle dernier protestent, répondent à l'accusation française : « Et vos rois? Et Louis XI? Votre François Ier n'a-t-il pas souhaité la mort de Clément VII? Notre mot *potione* (une potion) a un doublet, en langue française : c'est *poison...* »

Marché du Rialto.

Malgré le roulis, les paniers de pêches ne bougent pas, joufflus et immangeables. Les poissons : pas gros, thon et espadon exceptés, mais quel parfum de haute mer! Ils ont été pêchés la veille, ignorent la glace, les rayons gamma, le coup de pinceau à la pénicilline; après la Grèce, l'Angleterre, La Rochelle, les villes hanséatiques, après Anvers, le Portugal, Venise, tout poisson paraît fade.

Dans la cuisine italienne, le rôle des herbes, peu utilisées ailleurs, vendues par de vieilles *herbières* édentées; une alchimie de fanes, de laîches des marais, de cresson doux, de mélisses, de lichens comestibles; dix variétés de cerfeuils, des menthes à l'infini, origan, marjolaine, de petites mousses d'assaisonnement qui, écrasées, composent les sauces, dont cette *salsa verde* arrosant le bouilli, inconnues même en Provence.

Les années où je vécus loin de Venise, Denise me rapportait des chaussons de gondolier, velours noir, semelles de corde; on les trouvait au Rialto, pour quelques lires; ses deux Charles, les élégants, n'en portaient pas d'autres.

1931.

La comtesse Albrizzi, y donne, en 1816, un bal où Byron tombe amoureux de Teresa Gamba, comtesse Guiccioli; il l'avait rencontrée trois mois auparavant; trois mois d'incubation, puis, ce jour-là, coup de foudre réciproque.

La suite est connue : la Guiccioli, éprise et tuberculeuse, se réfugie à Ravenne, où le vieux mari (cinquante années de différence d'âge) prend sur soi tous les torts, et où le père de la comtesse, le comte Gamba, vient supplier Byron de ne pas abandonner sa fille chérie qui s'en va de la poitrine. Je ne rappelle cette histoire célèbre que pour le mot de la fin; Byron excédé (d'autant plus qu'il se trouve embringué dans une conspiration politique de la famille italienne) soupire : « Je ne voulais être que chevalier servant; pouvais-je me douter que cette aventure tournerait au roman anglais? » (c'est-à-dire domestique et larmoyant).

Lauzun, Ligne, n'ont que de l'esprit; Byron transcrit la bouffonnerie italienne en humour britannique; les répliques des comédies de Wilde, on les trouve à chaque ligne dans la correspondance du lord : « Les

femmes d'ici ont d'abominables notions sur la cons-
tance... » et (partant pour Missolonghi) : « Je préfère
aimer une cause qu'une femme. » Quand Cocteau,
à qui on demande ce qu'il voudrait emporter si la
maison brûlait, répond : « J'emporterais le feu », c'est
le Byron de la *Correspondance*.

— Pourquoi dix mille gondoles, il y a quatre siècles,
et cinq cents, aujourd'hui?
— Le métier est fichu! (On croit entendre un taxi, à
Paris.) La saison trop courte... Une gondole coûte un
million de lires... *Vaporetti* et *lance*, avec leurs
remous, vous cassent les bras... On risque sa vie à
chaque coin... Ils vous débouchent sur le Grand Canal
comme une vache dans le magasin de lustres...
— Mais vous chantiez?
— Pour oublier...
Le gondolier m'apprend que le fer de la gondole a
cinq dents, depuis le XVIIe siècle; sur les eaux damas-
sées de soleil et d'essence, la gondole fait trembler son
reflet.

Trois heures du matin.
A cette heure-ci, Venise est un Guardi, sans person-
nages.
Plus de *funiculi*..

N'étaient les antennes de T.V., on se croirait au xviiie siècle.

Rien ne ride l'eau, sauf un friselis sulfureux, devant la Douane, surface crêpée par un courant d'air qui n'arrive pas jusqu'à moi.

Dans dix minutes passera la péotte des boueux, en route vers la Giudecca. Avec ses ordures, Venise construit de nouvelles îles, mettant à profit ses excréments.

Les poteaux d'amarre, au passage de la première embarcation rapide, voient leur reflet vertical se changer en colonnes torses, salomoniques.

1925-1969.

Une croisière à Venise.

Je revoyais une soirée d'adieux, il y a une quarantaine d'années, en mer. Le *Zara*, de cinq cents tonneaux, mouillé devant le Palais des Doges, coque noire à filets d'or, pavillon américain, allait nous emmener en Asie Mineure. Nous étions cinq passagers; pas de cohue, un bon choix. Venise, petite ville de province, se rua à bord et y resta si tard que nous manquâmes la marée; la cave du bateau mise à sec, nous dûmes, pendant un mois, boire l'eau de pays sans eau. Anglais, le capitaine faillit en mourir.

En remémorant ce départ si bruyamment fêté, je me demandais en quoi différait de celles qui servent de décor aux romans d'aujourd'hui une croisière comme celle-là, fort mondaine. (Je ne regrette pas d'avoir connu le *monde* d'alors; cela m'a évité d'y vivre en fin de vie, comme Valéry ou Gide; c'est tout profit.)

Le plaisir des années 20 était sans contrainte, mais non sans tenue; de bonne famille; rien de cette brutalité née de l'américanisme, des guerres chaudes ou froides, des groupes de pression, de l'alcool, de la drogue, de la mitraillette, des films érotiques. Le savoir-exister? On en était encore au savoir-vivre. Les Américains, européanisés; pas le contraire.

Quelle tenue, jusque dans les jeux les plus téméraires, qui existèrent de tout temps; les scandales de certains palais du Grand Canal n'arrivaient même pas jusqu'aux bars des hôtels; une soirée à bord, où s'était massée la société locale, n'offrait ni agents politiques, ni placeurs d'emprunts, ni antiquaires blasonnés et sans patente, ni jeunes filles étoffant leurs fins de mois par des échos dans des journaux maldisants; couturiers, parfumeurs, fournisseurs commençaient à peine à se confondre avec leur clientèle. Chacun portait encore l'habit de sa profession : les pédérastes restaient exclusivement pour hommes, sans faire des extras du côté des dames âgées; les Blancs étaient moins noirs que les Noirs, les vieilles rôtisseuses de balai, célèbres pour leurs faiblesses, ne publiaient pas des mémoires édifiants, les prêtres ne ressemblaient pas à des pasteurs protestants, les étudiants en sociologie ne se déguisaient pas en bergers kurdes, et les bergers kurdes en parachutistes. Jamais l'expression actuelle « être mal dans sa peau » ne se traduit mieux que par nos travestis contemporains.

On n'eût pas vu une hôtesse, se levant de table entre les plats, photographier elle-même ses invités, pour un hebdomadaire illustré, rentrant ainsi dans ses débours. Le *snap-shot* indiscret, le photographe maître chanteur entrant par les cuisines (comme au Labia), se cachant sous les lits, faufilé jusque chez le notaire, était inconnu; progéniture d'une entrepreneuse américaine de réceptions à forfait, laquelle devait, quelques années plus tard, s'abattre sur l'Europe.

Autre différence, la police; les dernières nations policées n'étaient pas encore devenues policières; la surveillance autrichienne du temps de Stendhal, Mosca caché dans les contrebasses du théâtre de Parme, la gendarmerie italienne, les braves carabiniers à plumet rouge, c'était tout; n'existaient pas encore nos réseaux de renseignements; indicateurs de chaque ministère, « intelligences » des différentes armes, services secrets des ambassades les plus tropicales, bureaux d'investigation des grandes banques, espions des journaux et hebdomadaires, œils des syndicats, fichiers des casinos, des joailliers et des palaces. C'est à présent que Gérard de Nerval pourrait parler d'« une truanderie de larrons privilégiés »; ce n'est pas *Cosmopolis* qu'écrirait aujourd'hui Bourget, mais *Interpol*.

Cela dit, pas mal de points de ressemblance entre une croisière des années 20 et une d'à présent; on fuit les brouillards, mais c'est pour retrouver les brouilles. Notre voyage se termina mal; la famille invitante, dès l'entrée en Méditerranée, se divisa contre elle-même; le poète du bord, pressentant l'orage, se fit débarquer à Brousse; deux autres invités, pour n'avoir pas à prendre parti entre la tante et sa nièce, mirent pied à terre à Naples. La famille, restée seule, s'enferma dans ses cabines; aussitôt revenus à Venise, ses membres se tournèrent le dos; ils ne se sont jamais revus; se parlent-ils outre-tombe?

Venise.
Septembre 1930.

Le 24 septembre 1930, je me trouvais, assis sur un banc de pierre, face à la lagune. Là où mouillaient jadis le *Bucentaure* au château de poupe doré, éclairant comme le soleil les eaux primordiales, et la flotte de la Sérénissime, cramoisie, à longues rames, pareille à des langoustes cuites, dix torpilleurs gris sont alignés. Le ciel d'automne tremble sous l'avance triangulaire des hydravions de métal; des drapeaux blanc-vert-rouge descendent jusqu'à terre (avec ce sens du « drapé » antique qui a su se conserver en Italie dans les étendards); avec des yeux astiqués comme les cuivres, passent les marins des cuirassés vénitiens. Des officiers à écharpe et à dragonne d'or se rendent à leur service, d'un pas assuré.

Venise, ville de Nietzsche, enseigna l'Italie nouvelle : « Il faut rendre aux hommes le courage de leurs instincts naturels »... « l'étroitesse nationale, une sévérité militaire, une meilleure physiologie, l'espace, la viande... » Comme il y a vingt ans, je me retrouve devant Saint-Marc. Pourquoi ai-je acheté *La Volonté de puissance*, hier? Quel hasard me fait rouvrir le chapitre « Contre Rousseau »? Je lis : « L'homme n'est malheureusement plus assez méchant... » « C'est l'amollissement et le moralisme qui sont la malédiction. »

Le lion ailé témoigne que l'avenir de l'Italie est sur l'eau. Saint-Marc contre l'Orient, Manin contre l'Autriche, Wagner, Nietzsche. Dans le *Berliner Tageblatt* que j'achète sous les Procuraties, je lis les paroles de Hitler, sèches comme la mitrailleuse : « S'il le faut, des têtes tomberont. »

14-24 septembre : dix jours ont suffi. Encore la voix de Hitler, à Leipzig : « J'annonce un vaste soulèvement spirituel »... et le programme des nationaux-socialistes : « Nous supprimerons par le fer tout ce qui s'opposera au relèvement matériel et spirituel du pays. »

Je regarde autour de moi, j'aperçois des êtres blonds, descendus, genoux nus, du Tyrol, sur la place Saint-Marc. Ce qui apparaît dans le monde, ce qui commence à faire entendre sa grande voix, c'est la jeunesse de 1930, l'Allemagne qui ne lit plus *A l'ouest rien de nouveau*, qui parle « de guerres véritables, qui font cesser toute espèce de plaisanterie »; âge ardent qui n'a pas connu la souffrance : étudiants électeurs de Hitler, anciens communistes ralliés.

« Nous entrons dans une période tragique, annonçait Nietzsche; époque catastrophique. »

1936.

A Strà, quartier général de Napoléon, Mussolini amenait hier Hitler. Derrière eux, Trévise, les premiers contreforts des Dolomites, le mont Grappa. Devant, les monts Euganéens, un fond pour Giorgione. Des statues rongées de lichens lancent des appels de noyés dans la mer des magnolias vernis. Des voiles ocre, trouées d'un œil cramoisi de conjonctivite, passent, à la hollandaise, à ras des maïs.

Il y a vingt ans, Padoue était une vieille cité universitaire, ensommeillée sur ses diplômes; aujourd'hui, elle revit, les marais d'alentour asséchés; sur les murs, les Padouans apprennent les bonnes manières : « *Les personnes bien élevées ne blasphèment pas.* » (Je fais aussitôt une liste de toutes les paroles exécratoires qu'apporte ma mémoire.) Je lis aussi : « *Cracher est une habitude d'autrefois* »; cela conduit, à l'instant, ma réflexion : pourquoi nos pères crachaient-ils? Saliver n'est-il pas plus malsain? Expectorer ne débarrasse-t-il pas plus proprement les graillonneurs?

Éducation des masses; dix ans plus tôt, à Moscou, j'avais vu des enfants des écoles apprendre que les dents se nettoient à la brosse, de bas en haut, et non latéralement.

1935.

« Tuez les mouches! » (Recommandation mussolinienne[1].)

1935.

Pour les fascistes, Othello n'est pas un homme de couleur; c'est un *More*, ce qui signifierait non pas un *Maure*, mais un natif de Morée. L'original d'Othello serait le doge Cristoforo Moro.

Sur la Piazzetta, tous les mâles ont désormais le menton du Colleone et le regard du Guatamelata.

1. 1967. Sur les murs de Pékin : « Tuez les oiseaux! »

1937.

Raimondo, le maître d'hôtel du *Splendid*, a vu depuis un demi-siècle défiler l'Europe sur le Grand Canal; dix romans dans la matière de ses récits, interrompus par le placement des arrivants, la distribution des menus, l'ordonnance des commandes.

Voici son plat du jour :

« Je suis au bout de mon rouleau, Raimondo, me dit le duc de N... Lorsque tu m'auras fermé les yeux, tu descendras sur le *campo;* tu t'installeras près du puits; tu attendras que passe une jolie femme; je la veux très, très jolie... Tu l'aborderas civilement : " Madame, le Duc, mon maître, vient de rendre son âme à Dieu... à deux pas d'ici... Son ultime souhait : qu'une très jolie dame vienne, en passant, lui faire un bout de prière... avant qu'on l'emmène à San Michele... "

« Monsieur, je n'eus pas longtemps à attendre. Passe une belle fille, dix-huit ans, les seins bien pommés, comme les aimait M. le Duc. Je l'aborde. Elle hésite. " On ne doit pas contrarier les idées d'un mort, mademoiselle... *Povero!* M. le Duc m'a dit : ' Ma famille, mon frère, ma belle-sœur, je m'en fiche... Une inconnue fera mieux l'affaire '. "

« Elle me suit. Nous montons. Le *letto matrimoniale*, les rideaux fermés, les lampes... La petite, avec sa larme au coin de l'œil... cela valait toutes les lamenta-

tions d'une famille... C'était Naguère, en face d'Aujour-
d'hui. C'était *il giorno vivente e la notte eterna.*

« ... Lorsqu'elle fut pour repartir, je lui présentai un
écrin... " M. le Duc n'a vécu que pour les dames; sa
dernière pensée, mon maître a voulu que ce fût pour
l'une d'elles. Je suis chargé de vous remettre ceci... "

« Dans l'écrin, Monsieur, une émeraude digne du
trésor de Saint-Marc, digne de la *Pala d'Oro.* »

1937.

Faut-il éclairer Venise au néon? Les passéistes disent
non; les futuristes leur répondent : « Malgré vous, Saint-
Marc resplendit sous nos projecteurs; grand succès; les
touristes adorent ça. » Les romantiques tiennent bon;
ils défilent ce matin sur la place, derrière une bande-
role blanche : « *Nous voulons la lune.* »

1937.

Des avions militaires portent sur les ailes le lion de
saint Marc. Après la mer, le ciel. L'avenir des dicta-
teurs est dans le ciel, le Duce l'a dit.

Défilé de fillettes, avec flots de rubans des centuries,
sur l'épaule; les *arditi* encadrent des bourgeois bottés;
les glands noirs et soyeux des fez brillent au soleil.
C'est la mobilisation civile, l'*adunata* de cinq heures de
l'après-midi; avanguardistes et *balillas* prennent place

sur des carrés dessinés à la craie sur le sol des *campi*, des pions d'échiquier. Le chauffeur s'arrête en pleine campagne padouane pour passer sa chemise noire, avant de rentrer à Venise.

1937.

Les inscriptions antiques étaient gravées dans la pierre; elles s'appuyaient dos au mur, face à l'oubli; elles prenaient à témoin l'éternité; elles pénétraient au cœur de la nature, rentraient dans le cadre de l'archi-tecture; elles suivaient la gloire, la victoire ou la mort, ombre mince mais immortelle. Aujourd'hui, on ne consacre plus le fait, on le provoque; on n'homologue plus le résultat, on l'appelle, on n'inscrit plus, on écrit seulement, hâtivement, de préférence sur les matières les moins durables.

La guerre éthiopienne a exaspéré en Italie cette pas-sion académique qui allia les inscriptions aux belles-lettres. Aucun peuple n'a laissé plus de traces murales que le peuple latin; il en a couvert le monde; sur les catacombes, les corps de garde, les cirques, dans les rues et les venelles se lisent encore des proclamations électorales, des certificats d'hypothèques, des appels à quelque gladiateur fameux ou à quelque rétiaire illustre; Ovide et Properce sont cités sur les briques de Pompéi, entre deux caricatures ou deux rendez-vous d'amour;

partout colonnes, tombeaux, aqueducs et statues nous parlent encore à haute voie, par-dessus les siècles.

De nos jours, à peine a-t-on passé la frontière italienne, que l'on est surpris de voir se continuer cet entretien singulier entre l'État et les citoyens. Qui écrit? Qui dicte? A quelle heure couvre-t-on les villes de tant de pensées lapidaires, héroïques ou familières, que les communistes remirent ici en faveur, vers 1920 [1]? Elles sont là, partout, les phrases officielles, énormes, peinturlurées en noir sur le blanc, en blanc sur le noir. Je lis sur le garage de mon hôtel : *Le fascisme est une armée en marche.* Au-dessus de la fontaine municipale : *Le fascisme est un fait mondial.* A l'entrée du village : *Le fascisme, c'est la politesse.* L'affirmation la plus actuelle est : *Nous tirerons droit;* et la tête de mort partout, avec ces simples mots, difficiles à traduire : *Me ne frego* (quelque chose comme : *On s'en f...,* en plus ordurier).

Les sentences s'adressent le plus souvent à l'Angleterre : *Nous n'accepterons de sanctions de personne,* ou : *La courtoisie anglaise pue le pétrole abyssin.* L'appel : *A nous, Duce!* orne les monuments les plus vénérables, réveille la grisaille tachée de fientes des pigeons des Procuraties, ce vieil os gratté qu'est le dôme de Milan, les sombres palais de Gênes et la suave Seigneurie florentine. Celle-ci, qui date de la mobilisation : *Mieux vaut vivre un seul jour de la vie d'un lion que cent ans de la vie d'une brebis!*

---

1. 1970. Les graffiti du P.C. sont revenus : relevé, hier, sur un mur de la Brenta, cette apostrophe digne d'Alfieri : AMERICANI SERVI DELLA MORTE (Américains, valets de la Mort!).

« Aux grands poètes, il faut de larges auditoires. »
Ces publics immenses que réclamait Carlyle, aucune
place, aucune esplanade ne saurait les contenir, même
Saint-Marc. Les passants s'écoulent comme de l'eau et
l'homme de la rue est forcé malgré lui d'entendre le cri
strident et immobile que poussent les murs vénitiens,
ces murs parlants de 1937. A côté de ces exclamations,
que sont les affirmations abstraites, en froids carac-
tères romains, de nos mairies? Leur *Défense d'afficher*
ne fait peur à personne.

Toute la vie des pays se lit désormais sur le front des
maisons, devenues pour un étranger plus instructives
qu'un livre, ou sur leur dos, transformé en bloc-
notes. Les lecteurs défilent devant la pensée, et non
l'inverse.

15 mai 1938.

Au kiosque à journaux, *Il Gazzettino illustrato* de
Venise annonce un article : « Les héros fatals. » Sur la
même page, photographie à Strà de Mussolini et de
Hitler. J'achète le journal; les « héros fatals » : une suite
d'articles historiques; le héros de ce jour-là : Byron.

1938.
Mort de D'Annunzio.

Dans les années 1930, un ami m'avait obtenu une audience; rappelé à Paris, je dus décommander ma visite à Gardone, et rentrai de Venise en France. Arrivé à la fourchette du lac de Garde, sur l'autoroute, un garde fasciste me remet un paquet : « De la part du Commandant »; peu nombreuses, à cette époque, les voitures françaises; il avait repéré la mienne. Je trouve un ouvre-lettres d'or damasquiné, avec ces mots du héros national : « Je ne possède que ce que je donne. »

Juin 1939.

A Bled, au bord du lac, en Slovénie, à trente kilomètres de Ljubljana. Un tunnel international suffit à séparer deux mondes, les Latins des Slaves, la Vénétie julienne de la Yougoslavie. C'est parcourir quatorze siècles en vingt minutes.

Ma femme, à Trieste, chez ses oncles. Mussolini vient de leur rafler leurs titres du Stock Exchange, pour préparer la guerre, leur donnant en échange du papier d'État et des terres non défrichées.

Je me rendais, à deux heures de là, à une des Commissions du Danube, pour la session de printemps; une Europe en réduction : l'amiral autrichien, très noble, très fatigué; le Roumain, notre président, diplomate roublard et oblique, à la veille de la retraite; l'Anglais, une bouteille de whisky par jour — il en est mort; le Yougoslave, procédurier, brutal, détesté; l'Italien, polichinelle... Notre mission : surveiller, techniquement et un peu politiquement, le Danube, de l'Allemagne à la mer Noire. Notre session d'hiver s'était tenue en mars, à Nice; celle d'automne se réunirait à Galatz, aux bouches du fleuve, dans un vieux palais Second Empire — l'âge de la Roumanie — mi-turc, mi-russe. Notre yacht démodé battant pavillon de la Commission, avec huit drapeaux européens, se balançait à quai, près de Vienne. Les seuls ennemis de cette Commission très pacifique étaient les rochers qui hérissaient les Portes de Fer, ou le sable qui obstruait les ports fluviaux, ou les sautes d'humeur des affluents.

Dans ce pays slovène, jadis Carinthie, Carniole, Styrie autrichiennes, j'avais l'occasion de voir de près les Slaves arrêtés par les Alpes dans leur marche vers l'Adriatique; ils n'avaient perdu la tutelle de François-Joseph que pour se trouver face à face avec les Italiens, par les traités de 1920 enrichis des dépouilles autrichiennes; aux Italiens Trieste, l'Istrie, la Dalmatie, la Vénétie julienne; leur mandat était d'empêcher les Slaves de descendre sur l'Adriatique; le fascisme s'en chargeait, privant Trieste d'arrière-pays, dénationalisant les villes, faute de pouvoir atteindre en profondeur les campagnes, mettant des chemises noires aux Croates et des bottes aux Slovènes.

Trieste, depuis la fin de la Sérénissime, de la Dominante, avait fait, dès 1814, sa fortune sur les ruines de Venise qui n'avait plus besoin de recruter des rameurs esclavons, faute de galères. Trieste, enrichie par Vienne, par les Grecs, les Anglais, les Allemands, prospérait peu depuis 1920, sans l'aigle bicéphale, ne pensant qu'à l'*italianità*, insoucieuse des misères que les irrédentistes faisaient aux curés ou aux instituteurs slovènes, épurant l'administration locale, prohibant les langues slaves; après tout, l'Europe du Traité de Versailles n'avait-elle pas installé là les Italiens, d'abord pour s'en débarrasser, ensuite pour contenir les Slaves?

Ces souvenirs ne servent qu'à évoquer, à la veille de la guerre, le tête-à-tête des Slaves et de Venise; les Esclavons, ancêtres de ceux du quai où caracole Victor-Emmanuel, face au *Danieli;* en redescendant de Bled, en approchant de Trieste je les entendais gronder contre leurs anciens maîtres; du haut de l'Alpe dinarique, le vieux lion de saint Marc vivait les derniers jours de sa grandeur adriatique.

Je n'allais plus revoir Venise pendant douze ans.

III

Morte in maschera

1950.

Maria P..., une amie vénitienne que je questionnais sur la fin de la dernière guerre, à laquelle elle assista, me disait : « Cet hiver 1945 fut celui d'une Venise sinistre; tout nous était rationné; les nouvelles, surtout; la presse locale était pleine de détails sur les autres fronts, sur l'avance allemande en Alsace, muette sur ce qui se passait à nos portes; des cartes du front de la Neisse, rien sur celui de Ravenne-Bologne. J'entendais les bombes démolir Padoue. Plus d'électricité, les *vaporetti* sans combustible; aux murs, des affiches décrivant des tas d'engins mortels qui tombaient du ciel, auxquels le public ne devait pas toucher.

« Le 26 avril, mon *Gazzettino* diminua son format. Le 27 avril, il devint une feuille volante : Milan pris, Mussolini arrêté, les troupes canadiennes à Mestre. Le 28, mon journal n'était plus qu'une affiche, où les Volontaires de la Liberté et ses glorieux combattants

restituaient à l'Italie la gloire du Risorgimento, obs-
curcie par vingt années de barbarie nazi-fasciste. Les
automitrailleuses canadiennes ne restèrent pas longtemps; Venise prise, les Alliés couraient au nord, au
plus pressé : empêcher Tito de déborder en Vénétie
julienne... »

Septembre 1951.

Une fête européenne, aujourd'hui vieille de vingt
ans...
Un homme de goût précipitait dans le Cannaregio
son bonheur de vivre. Louis II de Bavière ne s'était-il
pas noyé dans deux pieds d'eau?
Il serait ridicule de parler de cette dernière soirée
comme une fillette de son premier bal, mais dès l'arrivée
je savais que je venais faire mes adieux à un monde;
ermite par nécessité, seul depuis onze années, du haut
de mes glaciers je tombais tout à coup dans une
échauffourée de plaisir, dans un glas de l'imaginaire.
Un bal? Un bal en Italie, comme dans Stendhal!
Sur la place Saint-Marc, c'était ce que Montaigne
vénitien nomme « la presse des peuples étrangers ». Il
n'était question que de coiffeurs ou de maquilleuses
ayant raté le train ou l'avion, « d'entrées » compromises
par des défections de dernière heure — la politique
locale, la presse américaine, le puritanisme gauchiste
et le ressentiment des exclus s'en mêlant.

A la terrasse du *Florian*, plus bourrée de plumes de pigeon qu'un édredon, Churchill, la boîte à couleurs en bandoulière, mettait ses doigts en V, mais n'intéressait plus personne : V., ce jour-là, ne signifiait que Venise.

Inconscience ou défi, il était satisfaisant de penser qu'un grand amateur tenait tête, pour la seule satisfaction de réanimer Venise, de faire sortir de leurs cadres ces personnages des grands et des petits maîtres qui s'assommaient sur les toiles peintes de musées, les déesses captives dans la trame des gobelins; d'autres auraient pu le faire, lui seul osait; dans un monde de froussards, un *caballero*.

En route, j'admirais une Venise enflammée de rouge et de safran, qui rappelait ces rascasses de roche, au groin monstrueux émergeant d'une platée de bouillabaisse.

Nous voulions être des premiers, afin de voir sans être vus. Le concierge examina nos cartons d'invitation avec autant de soin qu'un caissier regarde les grosses coupures, tant circulaient en ville de fausses entrées.

Trop tôt. B. n'était pas encore habillé; il nous reçut avec humeur, la sueur au front, en chemise, n'ayant pas encore revêtu son costume de Cagliostro, tout occupé de costumer son palais.

Accoudé au balcon principal où festonnaient des girandoles, je dominais les spectateurs aplatis sur les quais étroits, accrochés aux corniches, le long des maisons. Le Labia n'était séparé du Grand Canal que par l'église Saint-Jérémie, éclairée de biais comme un por-

tant de théâtre. Aux fenêtres voisines, louées à prix
d'or, les têtes penchées sur le vide se superposaient par
étages.

Tout ce que Venise peut contenir d'embarcations
venait s'étrangler au carrefour des deux plus grands
canaux de la ville.

Aux fenêtres du palais, des tapisseries tiraient
la langue, des aubussons descendaient les marches,
venaient tremper dans le Canal.

Dans la fumée des échappements, du tabac, des
rôtisseries en plein vent, des torches, les projecteurs
fonçaient droit sur les premières entrées.

« *Miracolo vivente di sogno e poesia!* » s'écrie une
marchande de mouchoirs imprimés, qui, dans un parasol ouvert, débite des lions de saint Marc, une patte
sur l'Évangile.

Aux illusions d'une fête la Venise de ce soir-là ajoutait son irréalité; les « entrées » surgissaient du noir
dans le *falso giorno* d'une cité par elle-même tout
artifice. Des phares cachés aux angles se promenaient
sur la chenille processionnaire.

Le thème du spectacle : Marco Polo, enfant prodigue,
rentrait chez lui, ramenant sur l'Adriatique des Chinois
Chippendale ou des Turcs de Liotard.

Les objectifs de tous les photographes de la presse
mondiale tournaient leur œil luisant sur les premiers
rôles.

Entre deux magots flanqués d'une cour mandarine,
sur des jonques de Tartarie plus dorées que le *Bucentaure*, se faisait caresser de lumière un Catalan aux

moustaches cirées. Des géants suivaient, damasquinés
d'argent. Surgissaient, derrière, des *goyescas*, dont les
rôles étaient tenus par les descendants des modèles de
Goya, ovationnés depuis les boutiques jusqu'aux toits.

Le ruisseau de feu que descendaient ces reposoirs
flottants conduisait vers l'entrée du Cannaregio, où les
cortégants prenaient pied sur une Savonnerie trem-
pant dans le canal noir; les femmes retrouvaient le sol,
avec l'aide de portiers mores qui rectifiaient leur équilibre fragile, entre deux rangs de galériens jaunes, rames
dressées, au débarquer.

Des lustres de Murano, parés de vraies fleurs, délicats
comme ces fabriques de sucre filé qui ornaient les fes-
tins vénitiens de la Renaissance, éclairaient la cour intérieure; là s'affairaient déjà des tableaux vivants repro-
duisant les tapisseries de Beauvais pendues aux murs,
les fameuses *Parties du monde*.

Sans souci du lendemain, l'Europe du plaisir, l'Asie
du pétrole, l'Amérique de l'ennui, les rois de *Candide*,
la société des jets, les océans des armateurs continuaient
de défiler devant l'église du coin, où saint Jérémie
retenait mal ses lamentations : « Vous marchez droit
vers le cimetière..., criait-il. Attention à San Michele! »

L'apothéose masquée de cette nuit d'il y a vingt
années était une Catherine II, au corsage barré d'un
grand cordon bleu ciel, constellée, comme un glacier,
des diamants de l'Oural : elle n'est plus. Respirant
son triomphe comme un parfum enivrant, je revois un
Louis XIV blanc et or; son faste insolent offusquait un
confrère en haute couture, chevelu d'or comme une

comète, qui le suivait : morts tous deux, aujourd'hui.
Un Pétrone parisien qui, à la suite, dominait la cohue
des curieux du haut de son palanquin, image même de
la vie glorieuse, dort maintenant dans la paix du cimetière. Une bacchante, reine anglaise de Paris, vêtue
d'une seule peau de panthère, se faisait précéder de
petits Caraïbes; ses yeux d'acier, son rire glacial, se
sont à jamais éteints au lendemain de son triomphe.

Venise est la dernière ville du dernier pays à badauds;
le spectacle gratuit est héritage des Romains; tout
offre prétexte à s'amuser, une femme sur le seuil qui
travaille sa mayonnaise, une Anglaise devant son chevalet, un chanteur solitaire sur quelque banc de gondoliers, un enfant qui shoote son ballon à travers les
pigeons picorant...

En sortant du Labia, la fête se prolongeait sur la
place. B... l'avait voulu ainsi; pour rentrer à notre
hôtel, en direction de la gare, nous dûmes traverser
le *campo* Saint-Jérémie; là, tout dansait, sauf les maisons. Des acrobates reconstituaient la fameuse pyramide, dite des *Forces d'Hercule*, d'après le modèle en
bois du musée Correr. Les beautés masquées s'étaient
jetées dans la foule qui les admirait sans envie; la
démocratie naturelle des Méditerranéens ne faisait pas
de distinction entre le *piano nobile* et le pavé. (J'avais
assisté à cela, pour la première fois, dans les Apennins,
à Vigoleno; le village avait envahi le château fort où
Maria passait des bras de son jardinier à ceux de son
chauffeur.)

Au-dessus de nos têtes, un danseur de corde costumé

en ours allait d'un toit à un autre ; des bateleurs, des saltimbanques pyramidant demeuraient en équilibre à la hauteur des gouttières ; le bagou des bonimenteurs, les lazzi des pitres forains couvraient l'éclaboussement des jouteurs du canal, les cris des voltigeurs sur échasses. Jean de Castellane, au sortir d'un bal à l'Hôtel de Ville disait avec dégoût : « C'est la rue... avec un toit. » A Venise, la rue est un palais sans toit.

Vingt années ont suffi pour que le palais Labia, vendu, devienne une triste administration péninsulaire.

Depuis que ces lignes furent écrites, l'animateur d'une Venise resurgie ce soir-là, a passé lui aussi du côté des ombres, à senestre.

Après les tableaux vivants, les natures mortes.

1954.
Exposition Giorgione.

Giorgione... Lors de mes vingt ans, on ne jurait que par lui ; Berenson et D'Annunzio venaient de le découvrir. A ce génie mort très jeune tout était soudain attribué ; au Titien, à Cima de Conegliano, à Sebastiano del Piombo, au Palma le Vieux, à Lotto on arrachait leurs œuvres pour les rendre au grand inconnu. Mes premières économies passaient à acheter les livres de B.B., où étaient soudain découverts, chez Giorgione, le paysage d'avant Poussin, la musique colorée, le romantisme *(La Tempête)*, la sensibilité du *chiaroscuro,* l'atmosphère debussyenne, rendue par des bergers à théorbe, les voiles d'Isadora Duncan; je me souviens d'un pieux pèlerinage à Castelfranco (sans oser avouer ma déception devant la *Madone*...), dans une des premières Ford...

Aujourd'hui, à Venise, la *Mostra*. Dans la préface du catalogue, Pietro Zampetti cache mal sa déception. Que reste-t-il de Giorgione? Trois portraits authentiques! Quel soir de champ de bataille! Les critiques ne sont d'accord que sur la *Pala* de Castelfranco, sur les *Trois philosophes* de Vienne, sur *La Tempête* de l'Ospedale Civile; la *Judith* de Leningrad, après un siècle et demi, a été enlevée à Raphaël et rendue momentanément à Giorgione, mais des doutes subsistent sur le *Jeune homme* de Berlin, la *Jeune femme* de Vienne, la *Madone* de l'Ashmolean, la *Vénus* de Dresde, l'*Homme à la flèche* de Vienne. Pour le *Concerto*, on parle de collaboration avec Titien... L'*Homme malade* serait de Léonard. Même les *Trois âges* du palais Pitti, sont rendus à Lotto; les plus fameuses toiles de Giorgione, perdues... les autres restituées à son camarade d'atelier, Titien, avec qui il avait travaillé chez Bellini, et qui, lui, eut la chance de ne pas mourir à trente-trois ans.

Partout, dans la critique d'art italienne, on n'entend plus parler que de *confusione* et de *terreno di nebulosità*, d'*influsso giorgionesco*, ou de *derivazione giorgionesca*. Giorgione s'éloigne...

Avril 1964.
Folles enchères.

Onze heures du matin; on pouvait se croire à l'aube, tant le ciel était sale. Cette Venise non débarbouillée faisait penser aux cartes postales de Max Jacob, où la cendre de cigare écrasée dans la gouache traduit des brumes banlieusardes. La bise me mordait aux reins; nous descendions le Grand Canal, à la surface martelée par le vent, dans le bruit de ces moteurs italiens qui vibrent comme la corde de l'arc libéré de sa flèche.

A midi commençaient les enchères, au Labia. Sanglé dans son veston, le front d'un intellectuel et la taille d'un sous-lieutenant, l'œil précis et ingénu, priseur de tous les biens du monde, M. R. m'emmenait à la vente du Labia, le dernier palais vénitien à dégorger ses richesses; il savait que toute possession humaine n'est jamais qu'un entrepôt...

Notre fastueux ami B. avait décidé de tenir tête au Temps; reconstituer un palais, c'est dire non au gouffre, c'est comme d'écrire le *Temps perdu*. Son œuvre terminée, B. s'en désintéressait.

Déjà Proust, rêvant à ce qu'il aimerait faire dès la fin de la Grande Guerre, s'imaginait en possession d'un palais vénitien, « comme Réjane », où il eût fait venir le quatuor Poulet, pour lui jouer du Fauré « tandis que l'aube se lèverait sur le Grand Canal ».

Palais aux fresques si renommées en leur temps

que Reynolds et Fragonard avaient fait le voyage de
Venise pour venir les copier. Jadis, quand le cicérone
montrait les peintures du célèbre plafond, dans le
Labia du début du siècle, il les commentait ainsi :
« *Signori*, PÉGASE MET CHRONOS EN FUITE. »
Qui mettra jamais le Temps en déroute?

Tandis que nous remontions le long du canal, M. R.
me racontait l'histoire des Labia : un demi-siècle de
puissance outrageante, de vaisselle d'or jetée par les
fenêtres, de murs vierges confiés au talent de Tiepolo,
de Zugno, de Magno, de Diziani; ruinés par Napoléon, les Labia avaient cédé l'édifice aux Lobkowitz,
jusqu'à ce qu'un magnat sud-africain, qui par extraor-
dinaire s'appelait aussi Labia, rachetât cette maison
qu'il eût voulue natale. Comme on la lui marchandait,
il passa pour avoir fait ce jeu de mots : *L'abbia o non
l'abbia, sarò sempre Labia* [1].

Nous dûmes enjamber des barricades de toiles, plus
grandes d'avoir été décrochées, de consoles de moins
en moins dorées qui descendaient l'escalier, déboisant
les salons saccagés par les enchères. Privés de lustres,
les plafonds révélaient des trous de rats, des briques
lamentables pleurant leurs stucs écaillés, soutenues par
des jambages piqués des vers. Les pas sonnaient creux
au sol sans tapis. Là où la livrée — des laquais italiens
dragonnés d'or comme des provéditeurs de la mer —
avait disparu, des hommes de peine buvaient la fiasque
au goulot.

---

1. En italien : « Que j'aie ou non le palais Labia, je serai toujours, moi, un
Labia. »

Le baroque, cette exubérance du bonheur, ne supporte pas l'abandon.

Dans la cour d'honneur, la haute brocante internationale qu'admiraient de loin les petits courtiers des ruelles vénitiennes avait pris place. Experts, démarcheurs, loupe en main, arrivés de Chelsea et de Manhattan, submergés sous des torrents d'effigies nobles, de doges cornus, se voyaient mélangés, parmi un capharnaüm de coulisses d'opéra. Les percepteurs d'impôts, les fiscaux vénitiens, les espions des Finances et des Douanes étrangères, surveillaient les futurs enchérisseurs.

Sous le marteau d'ivoire de M. R., toute une vie d'amateur s'évaporait; les objets n'ont pas de maître.

Les Tiepolo resteraient seuls, liant leur sort aux murs de la demeure vide : *Le Nègre à fraise*, *Le Cheval blanc*, *La Galerie des musiciens*, *L'Embarquement d'Antoine et Cléopâtre*, *Le Lévrier aux centurions*, la célèbre perspective de *La Vaisselle d'argent*. Au-dessus, la cohue des déesses, peintes à fresque pour toujours, désormais maîtresses d'un Labia désert, au rire éternel, comme celui des Filles du Rhin.

Dans quels bras partaient dormir ces belles femmes, détachées des trumeaux? Où ces Bacchus porteraient-ils leur ivresse, ces Cérès leurs moissons? Menaçant d'un sourcil noir leurs adjudicataires, des doges herminés, sur des toiles bitumeuses, remontaient, non plus l'escalier des Géants, mais ceux des enchères. Des maréchaux, serrant leur bâton de commandement, ordonnaient l'assaut, mais la criée criait plus fort. De sinueux canapés

pour siestes voluptueuses courbaient le dos des déména-
geurs; des lustres tendaient leurs bras de lumière
au-dessus des acquéreurs; sur l'océan des prisées flot-
taient des escadres de potiches de Chine, torchères,
girandoles, cruches et vases. Au plus offrant des proues
de navires qui n'affrontaient plus la lame, des blasons
destinés aux antichambres d'armateurs grecs.

— A cent mille lires, plus personne?

Sous les voûtes nues, en marbre d'Istrie, se réper-
cutait : Plus personne...

Funérailles d'une vie, non pas de grand collection-
neur, mais de grand amateur... L'Italie n'en est pas
à un *camposanto* près...

1964.

De même qu'en 1917, j'avais vu Venise enfoncer son
coin d'ombre dans ma vie exilée, de même, au sortir de
cette vente aux enchères, la Venise des années 60 venait
creuser son fossé entre mon âge mûr et la vieillesse.
Quelque chose, ou quelqu'un, me mène, m'a toujours
mené, quand j'ai cru tracer moi-même ma route.

Ce monde d'hier, je le regarde sans ressentiment, ni
regret; simplement, il n'est plus; pour moi, du moins,
car il continue, sans gêne, sans embarras, dans un
univers un peu plus brutal, un peu plus condamné
où la moyenne des vertus et des vices doit être restée
à peu près constante. Simplement, ses habitudes ont

cessé d'être les miennes; le coiffeur me taille les cheveux
à la tondeuse; au restaurant, je dois m'asseoir en face
de mon invité, non plus près de lui, sur une banquette;
les hôtels refusent mon chien; à mon arrivée, le chasseur
ne prend plus les clés de la voiture pour la garer; à
l'auberge, il n'y a plus qu'en Grèce où l'on me laisse
aller choisir mes plats sur le fourneau; à Paris, plus de
différence entre le trottoir et la chaussée; dans les réunions, je ne reconnais personne derrière ces barbes, ces
perruques, je m'y perds parmi tant de prénoms. Autrefois, la Méditerranée était ma piscine; aujourd'hui, pour
m'y baigner, il faut la permission des escadres russe ou
américaine. Des rhumatismes me condamnent au Vittel;
peut-on sortir, le soir, sans avoir le verre en main?
Cela jette un froid, vexe la maîtresse du lieu, son dîner
en est ébranlé. La peinture me rendait joyeux; celle
d'aujourd'hui est une peinture d'iconoclastes. « Vous
êtes peintre, pourquoi n'avez-vous pas continué à
peindre? » demandais-je à Robert Bresson. « Parce que
je me serais suicidé », répondit-il. Quant à la musique
dodécaphonique, il me suffit d'y penser pour préférer
la mort.

Malhabile à servir, je n'ai plus rien à faire ici-bas,
sinon à faire de la place; je ne m'accoutumerai jamais
aux façons électroniques, ni à vivre dans un pays dont
le sort se réglera à six mille kilomètres de ma maison.

Tout agace les dents dans ce monde où chaque heure
est une heure de pointe, où les écoliers veulent être
des Einsteins; les couples qui s'en vont au marché,
enlacés, comme ils l'ont vu dans les films, portent

sur les nerfs; leurs baisers en public, ce ne sont plus des baisers, mais des repas; la chair des femmes est offerte comme de la viande. Comble d'injustice, les jeunes sont bien plus beaux que nous ne l'étions.

Hier, dans une petite chapelle canadienne, pendant la messe, on m'a tendu une boîte en carton, où chacun puisait : c'était des hosties; enfant, on m'avait appris que toucher à une hostie, même non consacrée, était sacrilège; je me suis excusé, disant que je ne pouvais communier, ne m'étant pas confessé le matin; on a souri; avaler le bon Dieu sans confession, c'est l'usage.

J'ai été absent trop longtemps; chez moi se parle une langue étrangère que je n'entends plus; d'ailleurs il n'existe pas de dictionnaire.

La vieillesse vit sous le signe moins : on est de moins en moins intelligent, de moins en moins bête.

Automne; jusqu'alors à plat, les feuilles mortes se mettent à vivre, debout sur la jante, roulant vers l'hiver.

1963.

Serenata a tre
196...

Cette Piazzetta me rappelle quelque chose...

Une déconvenue d'autrefois, une mésaventure qui dormait ici, pas réveillée par la mémoire, depuis des années... Je ne l'évoque que parce qu'elle me paraît prendre, après si longtemps, valeur de symbole.

Ces chats vénitiens ne se dérangent jamais, eux non plus, n'ayant rien à redouter des voitures; ce que je reproche aux chats, c'est de ne jamais dire bonjour. Les chats vénitiens ont l'air de faire partie du sol; ils n'ont pas de collerette; leur ventre est un biniou dégonflé, dans cette cité sans arbres ils ne savent plus grimper; ils sont dégoûtés de la vie, car il y a trop de souris, trop de pigeons.

Voici l'un d'entre eux, peint à l'extérieur de cette petite maison. Je pense au Tintoret, au Giorgione qui ont commencé leur vie comme peintres de façades...

J'y suis... Tant d'années en arrière...

Séduisante C... Même de son fantôme je reste dupe! Qui ne suborne-t-il pas, outre-tombe? En me ravissant, C... ne corrompait certes pas l'innocence, mais que de fois je l'avais quittée, furieux du désordre où elle laissait mon cœur; plus furieux encore lorsque son retour suffisait à anéantir tout ressentiment.

Comment l'expliquer? Un port de tête insolent, énigmatiques ses prunelles, jaunes comme le cœur de l'agate, défiant, son nez aux narines vibrantes, impétueux ses cheveux, comme un incendie qu'aucun chapeau ne pourrait étouffer. Les siècles se mêlaient en elle, fière comme la Renaissance, frivole comme le baroque. Impériale et revendeuse; une sibylle et une fillette.

Elle voyagea toute sa vie, à l'intérieur même de Venise, logeant une année chez des patriciens, l'autre saison chez les enfileuses de perles ou chez les bateliers de la Giudecca. Elle, qui n'ouvrit jamais un livre, d'où recevait-elle une culture qui était parfois érudition? Ce n'est pas aujourd'hui que l'on aura la clé de cette belle énigme de chair.

Si succulente que sa seule présence était un véritable attentat aux mœurs. Très grande, elle vous examinait de haut, en connaisseuse, jusqu'au fond; on sentait qu'on aurait beau la mettre sur le dos, comme un crabe, elle vous pincerait encore, qu'elle ne deman-

derait jamais grâce, se prêtant toujours, ne se donnant jamais.

Voilà ce que me rappelait soudain la petite maison
de la Piazzetta, et le chat peint *a tempera* sur le cartouche.

— Venez ce soir, après dîner... Vous n'entrerez pas
par la porte d'eau, c'est trop voyant. Passez par-der-
rière, le campo est toujours désert.

Le soir, l'huis entrebâillé. Le salon vide...

Si elle s'était ravisée, C... n'eût pas laissé la maison
ouverte; elle m'attendait, me souhaitait, était fidèle
(comme on dit) au rendez-vous. J'allai droit à la
chambre à coucher, comme le gourmand à la cuisine.
Verrou tiré.

— C..., c'est moi!

Je la sentais derrière cette porte.

Je regardai par le trou de la serrure; une chemise
le bouchait. C... aimait faire des niches, je la savais
taquine, aussi. Pourquoi me laisser sur ma faim?

L'oreille à l'embrasure, les mains sur le marbre froid
du chambranle. Je retiens mon souffle : elles sont deux.
Je les entends qui se contentent; les plaisirs de la porte;
ce lapement, ce n'est pas l'eau qui lèche le seuil de
la maison... J'eus droit à toute la gamme, jusqu'au
couinement du lapin enlevé par le rapace...

Ensuite ce fut le silence, le suspens absolu. Je frappai,
espérant qu'il ne s'agissait que d'un lever de rideau,
sachant C... plutôt partageuse. Rien.

Chaque minute me faisait plus sot, plus seul, plus
exclu.

Ce soir, à mon grand déçu, la porte ne s'est pas ouverte; partout l'Industrie l'emporte sur le Labour...

Je ne connus jamais ce secret d'un soir. Plus tard, j'entendis parler d'une histoire de famille, entre cousines. Qui avait exigé cette porte close? C..., par méchanceté? L'autre, par jalousie, par pudeur, par goût du secret? Ou était-ce l'Homme, en ma personne, au pilori?

Les deux sont mortes; elles gémissent ailleurs, accumulant les enfers. Au-dessus de l'entrée de la petite maison, je retrouve le cartouche sur la façade peinte à la détrempe : on y voit un chat, convoitant deux harengs saurs...

Je rentrai à l'hôtel, retombant sur moi-même, méditant amèrement sur le rôle des hommes d'aujourd'hui, pauvres vainqueurs domptés, en déroute devant le triomphe féminin qui éclate partout; gouverneurs gouvernés; ex-maîtres de maison faisant le marché, comme Jouhandeau, dont l'esclavage explique ses admirables portraits d'Élise (Marcel est lâche, comme tous les hommes; ce qui le sauve, c'est qu'au dernier moment, il se révèle, par la sensibilité, plus femme que les femmes...).

Voici revenir l'aurore d'un matriarcat primitif, celui d'après la Bombe, pensais-je. Don Juans ou maquereaux, que tant de poncifs nous montraient dans leur majesté, leur despotisme, ne sont que de pauvres filles soumises, qui ont abdiqué. La grève récente des femmes, en U.S.A., réédition de *Lysistrata;* la démocratie, chantage des faibles, aligne la

Femme sur les ex-vaincus, les Noirs, les gens de maison, les prolétaires, les enfants, tous ces libérés devenus maîtres. La masse changera de composition, mais restera une masse; cela s'appelle *révolution*, mot dont l'étymologie indique la nature : retour au point de départ. Les femmes, elles, se tireront d'affaire, perfectionneront leur pompe aspirante. Je revois ces beaux cultivateurs berbères, descendus du Rif, amenés de force aux souks par leurs épouses; je les rencontrais, à Tanger, poussés par elles, entrant dans les boutiques, s'y ruinant en colliers inutiles, en soies voyantes, en tissus d'ameublement hideux; de retour à la maison, leur belle prestance, ils la laissaient sur leur seuil; ils rentraient au bagne.

Septembre 1965.
Du haut du campanile.

Au sommet du campanile j'embrassais Venise, aussi étalée que New York est verticale, aussi saumonée que Londres s'offre en noir et or. L'ensemble est lavé d'averses, très aquarellé, avec des blancs rompus, des beiges morts, relevés par le cramoisi sombre de façades pareilles à la chair du thon. Un air violent secoue la lagune, poussant des nuages aussi légers que ces nouvelles voiles en nylon des régates, au Lido.

A travers la résille de fer du dernier étage, qui dissuade les candidats au suicide de passer à l'action, je

voyais Saint-Marc collé au Palais, à la fois refuge,
trésor, porte de sortie d'une coulisse de la sérénissime
machine. De la plate-forme, on comprenait mieux le
vrai rôle de Saint-Marc, chapelle privée du palais,
non pas édifice public comme aujourd'hui, non pas
basilique, comme on le croit.

Je distinguais, à l'entrée, les quatre chevaliers de
porphyre avec leurs nez cassés de boxeur; les quatre
chevaux de Lysippe sautaient dans les nuages, cour-
bant leurs encolures où l'or adhère encore, fiers d'être
en vue, mais déplorant, en vieux champions, de ne pouvoir s'aligner contre la monture du Colleone, ou, à
la rigueur, contre le palefroi caracolant de Victor-
Emmanuel, seuls chevaux de Venise.

Peut-être ceux de Saint-Marc regrettent-ils leur
voyage de Paris, en 1798, leurs adieux aux Vénitiens éplorés, leur promenade jusqu'au quai, leur
embarquement sur la frégate française *La Sensible*,
leur arrivée à Toulon, au milieu de tous les tableaux
de la campagne d'Italie, leur apothéose du Champ-de-
Mars, derrière des dromadaires, leur installation sur
l'Arc de triomphe du Carrousel, avec discours officiels :

Et si de tes palais ils décorent le faîte
C'est par droit de vertu, non par droit de conquête.

Ancré devant Saint-Georges-Majeur, la masse d'un
porte-avions anglais faussait les proportions, cachant
le Lido couché à l'horizon, crocodile endormi à fleur
d'eau. Je lisais de haut le jeu des courants dont la

teneur en sel change les couleurs, où le vert antique
traverse le vert sale des jades de fouilles. Routes jalon-
nées de pieux fixés dans la boue, de digues dormantes,
où seuls les pilotes et les vieux pêcheurs savent trouver
leur voie.

Goethe, Taine ont, d'ici même, décrit ce survol; ils
ont vu ces tables du café Quadri posées devant les
Procuraties comme des dominos. Je pensais, là-haut,
au mot de Byron : « Seule, la nature ne ment pas »,
... sauf Venise, qui fait mentir la nature et la surpasse;
seul l'homme a osé ce défi aux lois physiques, architec-
turales; qui d'autre — sauf l'hirondelle construisant
son nid — sait faire du dur avec du mou? Qui eût osé
patrouiller dans cette boue?

« L'objet est toujours moins sombre que son reflet »,
disent les peintres; seul le reflet de Venise, dans notre
mémoire, est plus léger que la réalité.

Qui recommencerait cela?

1965

Trouvé chez le bouquiniste Cassini, de la rue du
22-Mars, les *Mémoires* du dernier doge, Ludovico
Manin : « 10 mai 1797; les Français sont à Mestre;
toute résistance est inutile; la Sérénissime a fait venir
des troupes dalmates, mais pas en assez grand nombre.
Venise risque, sans fruit, le pillage et l'incendie. » « Ce
soir, ajoute le doge, nous ne dormirons pas dans nos

lits. » Pauvre Manin, dont les armes parlantes était un Adonis endormi sous un arbre...

Le Conseil des Dix décide de faire savoir au consul Villetard que le gouvernement vénitien accueillera les troupes françaises « amicalement ». Le mot est de trop; que les Vénitiens gardent pour eux leur amitié, répond Villetard au Doge.

Le 12 mai, les troupes slavonnes se rembarquent de la Giudecca pour la Dalmatie. Entrée des Français. Sera-ce la tuerie? Non. Manin verse des larmes comme on n'en avait pas versé depuis Diderot. Sept jours plus tard, bal et fête masquée à la Fenice; gardes français et vénitiens aux portes. Le 22, *Te Deum* à Saint-Marc. Contribution de guerre; otages; incinération du *Livre d'or de la noblesse vénitienne*. Nouvelle fête à la Fenice, sans grand succès; comment ne pas avoir peur quand on sait que Bonaparte, à quelques lieues d'ici, s'est écrié : « Je serai l'Attila de Venise[1] »?... Le général Baraguay, qui loge au palais Pisani, donne une réception; la collaboration est *languida*. Arrivée d'une commission du Directoire qui fouille les bibliothèques, emporte cinq cents livres ou manuscrits rares et trente des meilleurs tableaux.

Le 14 août, Masséna s'installe au palais Gradenigo. Les familles qui possèdent plus d'une gondole doivent s'en dessaisir en faveur des occupants, avec les gondoliers, qui se nourriront eux-mêmes; les requis s'enfuient. Néanmoins, cinq théâtres restent ouverts. Arrivée de

---

1. « *Io sarò un Attila per lo stato veneto.* »

Sérurier, avec un grand état-major; l'Arsenal est vidé;
on met le feu au *Bucentaure*. Fin de la Sérénissime
(*Mémoires* de L. Manin, Venise, 1886).

Mallet du Pan, à l'époque, et Molmenti, plus tard,
aujourd'hui Guy Dumas, dans son excellente thèse sur
La Fin de la République, ont fait justice d'une Venise
corrompue, décomposée par le vice; elle ne l'était pas
plus que le reste de l'Europe, cette Sérénissime de
treize siècles, dont la disparition fut pleurée de tout
son peuple.

1797 ou 1945, pas plus aux soldats du Directoire qu'aux automitrailleuses néo-zélandaises du général anglais Freyberg, Venise n'a farouchement résisté;
elle voulait éviter pillage et incendie; le nom des géné-
raux vainqueurs s'oublie en quelques mois, les traités
jaunissent en dix ans, les empires ne seront jamais
que des empires; le devoir d'une ville unique est de
survivre [1].

Avril 196....

Hauts et bas de Venise, où la vie humaine oscilla si
longtemps entre deux extrêmes, entre *piombi* et *pozzi*,

---

1. C'est ce que j'essayais d'expliquer à Paul Reynaud, le plus gentiment
possible, un soir du printemps 1940, à Londres, quand il voulait que, de
Paris, il ne restât pas pierre sur pierre. Nous avions dîné à quatre, chez
Ava Wigram, avec Hore Belisha; le ministre de la Guerre britannique,
arrivé en retard, après un discours aux Communes, avait voulu, aussitôt, se
réentendre, exigeant qu'on plaçât sur la table un poste de radio, ce qui
rendait toute conversation impossible. Belisha approuva Reynaud. Tous
deux sont morts; Paris est là.

entre les plombs, en haut, et les puits, en bas; ville de
pauvres pêcheurs et cité d'or; sur le même canal passa
le Wagner du duo de *Tristan* et celui d'une gondole
funèbre, la sienne. *Non nobis, Domine...*

1908-1970.
Les trois âges de l'homme.

Que d'années, de mondes, de modes, de fois, d'espoirs
j'aurai vu passer sous ces Procuraties, parmi ces pro-
meneurs de l'après-dîner... Les militaires du temps de
la Triplice, sabre sous le bras, jamais quitté; leurs
culottes de cheval bouffantes, et bottes molles, style
Tor di Quinto, avec larges bandes régimentaires,
jaunes, bleues, cerise, et des képis immenses, à plumet,
monocle, moustaches retroussées à la Guillaume II;
les Vénitiennes en châle noir (le bruit de leurs socques
sur le pavement, qui n'est plus qu'un souvenir); les
belles étrangères, en boas à plumes et hauts cols tendus
par des baleines, la robe retenue d'une main, le face-à-
main d'écaille ou l'éventail de l'autre.

Ensuite, les armées vert bronze, ou kaki, avec déco-
rations interalliées.

Puis les chemises noires, les barbes à la Balbo, les
culottes de cheval encore, mais cette fois descendant
sur les genoux, style knickerbocker, des *Guards;* et toujours les bottes, maintenant très rigides; le pas cadencé,
les drapeaux, les faisceaux, les couronnes commémora-

tives suivies de ministres en guêtres (jaquette et chapeau melon); plus de femmes, des sportives à visière,
genre Suzanne Lenglen, ou des *balillas*... Défilés de
travailleurs... Vers 1935, le style mussolinien cède
le pas à des uniformes d'étoffe hitlérienne : la tunique
blanche sur pantalon tabac.

Pour suivre l'Histoire en courant, c'est maintenant
la Libération, le blouson américain partout, la bottine
militaire haut lacée; les brassards MP, la chemise
cow-boy, le col ouvert, le kodak avec télescope,
des Lucky dans l'étui-revolver.

Nous voici à aujourd'hui : les chevelures en saule
pleureur, le pantalon à pattes d'éléphant dépassant sous
le ciré, une robe taillée dans de vieux rideaux balayant
la crotte, la sandale, le pied nu, le sac de couchage
en bandoulière, le pèlerinage aux sources. C'est l'heure
du laisser couler, du « couchons-nous ici, inutile d'aller
plus loin ».

J'arrête ce défilé des fantômes de la place Saint-Marc,
n'étant pas Carpaccio; ni Saint-Simon qui cependant
écrivait : « Ces bagatelles échappent presque toujours
aux *Mémoires;* elles donnent cependant l'idée juste de
tout ce que l'on y recherche. »

Lutte entre la municipalité de Venise et l'administration militaire, qui, comme ses pareilles, en tous pays,
ne veut rien lâcher. Venise est encore parsemée d'îles
ou d'îlots qui n'ont plus d'intérêt stratégique : Santo

Spirito, le vieux Lazaret, la Celestia, San Giacomo in Palude, la Certosa... Ces vieux monastères, ces forts qui n'ont rien à défendre... L'empire italien est loin et l'Office du tourisme exige des hôtels et encore des hôtels.

Piazzale Roma.
197...

Ce que le rail avait commencé, le pneu l'achève. Le sol prend sa revanche sur la mer; les partisans de la terre ferme ont gagné, dès 1931, l'emportant sur Mussolini qui, en artiste, voulait couper Venise du sol italien.

Au pied d'un garage pour mammouths, l'Europe se jette sur Venise, la gobe hâtivement, en repart. Les voleurs de roues de secours, les maquilleurs de plaques de police, les changeurs, les prostituées de l'auto-stop, les faquins ajoutent à la confusion des pèlerins d'une Europe qui essaie de recoller ses morceaux.

Des ponts de briques anciens se croisent avec des passerelles de béton, elles-mêmes surplombées du grand écart des toboggans. Les eurobus, les trains sur roues de caoutchouc à quatre-vingts voyageurs, s'y croisent avec des départs de minibus pour le Népal. Tout ce quartier Santa Croce fume de gaz, d'oxyde de carbone, de vapeurs de cinzano ou de marijuana. Les valises éboulées, tombées des impériales comme les moraines d'un glacier mouvant, les Leica surmontés de Japonais, les cinémas seize millimètres jonchant le sol, les matelas et sacs de couchage roulés, plus ventrus d'ustensiles de cuisine que les cannelloni de hachis, tout converge vers ce pot où bout une humanité qui a roulé toute la nuit, qui essaie d'apercevoir Venise, en ce matin où le soleil n'arrive pas à percer la poussière des kilomètres.

A l'opposé de la basilique de Saint-Marc, le Piazzale Roma, cathédrale des routiers. Il faut choisir entre le musée et la vie.

IV

Il est plus facile de commencer que de finir

Au Palais des Doges.
23 septembre 1967.

Qui recommencerait Venise?

Un homme s'y est risqué, Volpi, en pleine déroute, en octobre 1917, *anno fra i più tristi della storia d'Italia.* Au bord de la terre qu'on osait à peine nommer ferme, il a construit le second port d'Italie, Porto Marghera, au royaume de la malaria, des moustiques, des grenouilles. C'est devenu deux mille hectares solides de raffineries, d'usines d'aluminium ou d'azote transformé.

On va célébrer dans un instant le cinquantenaire de cette entreprise stupéfiante; ici même, au Palais des Doges, la première Venise rend hommage à celui qui fonda la seconde, *il signor conte Volpi di Misurata.*

Après avoir gravi l'Escalier des Géants, puis la Scala d'Oro, j'entre dans la salle du Grand Conseil, et prends place près de celle qui fut l'ombre bienfaisante et constante du célèbre Vénitien.

Soixante-douze doges nous regardent, alignés entre les victoires de la Sérénissime peintes sur les murs. Face à face : la baie gothique ouvrant sur Saint-Georges-Majeur, ruisselant de couchant, et le *Paradis* du Tintoret. Sur notre tête, comme sculpté dans l'or massif, l'ovale immense du plafond peint par Véronèse troue les solives qui semblent s'écarter devant des nuages enlevés au pinceau, vers un ciel plus haut que le vrai; les travaisons disparaissent sous la profusion d'or de ce *Bucentaure* aérien.

La dernière fois que j'avais vu Volpi, c'était à Paris, dans sa chambre d'hôtel, en 1943; j'avais trouvé un homme assommé par l'événement, voyant remise en question son œuvre géante, de l'Adriatique à la Libye; un quart de siècle, et tout s'était perdu. Je repensais à ce que m'avait dit souvent Philippe Berthelot, justifiant la longue tradition anti-italienne du Quai : « On ne fera jamais rien avec les Italiens, outil médiocre. » (C'est vrai de la guerre, qui est la Mort, c'est faux pour l'industrie, le bâtiment, les champs, qui sont la Vie.)

Les Vénitiens offrent un bois dur, à l'épreuve des déluges. Ils s'en sortent toujours; leurs maisons ont toutes deux issues, une sur l'eau, l'autre sur terre.

Triompher à Venise, c'est triompher cent fois mieux qu'ailleurs.

C'est bien un dernier triomphe pour le Vénitien Volpi, ce soir. Tout Venise est ici, le Cardinal Patriarche apporte la bénédiction du Pape; Andreotti, celle du gouvernement; il lit un télégramme de Saragat célébrant la « figure géniale »; le sous-secrétaire d'État au Trésor apporte son hommage à celui qui, comme ministre des Finances de Mussolini, sauva son pays avec l'appui de la Banque d'Angleterre et des emprunts Morgan; le Syndic, toute la Municipalité de Venise écoutent épiloguer la vie de Volpi, à travers bien des règnes, dont aucun ne traversa une œuvre inruinable : ce que Volpi a voulu, il y a cinquante ans, existe; les pétroliers de cent mille tonnes, et plus, entrent par Malamocco, jusqu'à Mestre. Chez nous, on tairait son nom; ici, on ne pense qu'à la gloire de la très sereine Sérénissime; oubliée, la politique; on reste entre Vénitiens; l'Italie a un siècle, Venise en a quinze; l'adage reste vrai : *Veneziani, poi Cristiani!* (Vénitiens d'abord, chrétiens ensuite).

Octobre 1970.

Hier, au Tribunal de Venise. On juge un photographe de Chioggia, poursuivi pour soirées d'art, où participaient des mineurs vénitiens. Alertés par le nombre des voitures à plaques de Trévise, de Padoue, de Trieste, qui stationnaient la nuit, les carabiniers de Chioggia font irruption dans l'atelier; les invités s'enfuient par les fenêtres. L'avocat plaide non coupable, la loi Merlin sur la prostitution n'étant pas, d'après lui, applicable à la prostitution masculine.

8 octobre 1970.

A la Fenice, première représentation de la *Cortigiana*, de l'Arétin, par le *Teatro stabile*, au *Festival de la prose*. Deux « facéties » parallèles : un Siennois, candidat au cardinalat, apprend l'art d'être courtisan; on l'introduit dans une machine étrange, sorte de four à pétrir les courtisans; arrive un Napolitain vantard *(gran vantatore)* et amoureux; une entremetteuse, qui doit lui faciliter les choses, substitue à son idole la femme du boulanger. Beaucoup de personnages secondaires, dont le plus réussi : la caricature d'un homme de lettres, tout habillé de manuscrits, dont les parchemins, cousus à son habit, pendent, le transformant en kiosque de libraire.

La représentation, d'un ennui « périssant », comme disait Lucien Daudet. Dialogues en patois régionaux, allusions obscènes, d'un anticléricalisme du meilleur goût : « Voici les Turcs! de peur d'être empalé, tout le monde s'enfuit, sauf les curés »; critiques littéraires ou politiques contemporaines, incompréhensibles, faute d'érudition. Les acteurs vocifèrent pendant cinq actes, *abusando del registro urlato;* l'art dramatique d'aujourd'hui n'est qu'une surenchère d'agressions criées; on devrait apprendre aux acteurs, dont le métier est « d'avoir l'air », qu'il leur faut avoir l'air de crier, sans crier. Qu'on nous donne de l'Aristophane, du Calderón ou du Shakespeare, c'est toujours du Brecht. Le résultat, le voici, dans le *Corriere* de ce matin . « Le public, d'abord très nombreux, s'est enfui à l'entracte. » *Il pubblico, molto numeroso all'inizio, ha calato durante l'intervallo.* »

Août 1969.

Une vraie nasse, ce fond de l'Adriatique... Tous les réfugiés de l'Histoire; elle berce dans ses bras lagunaires un éternel *exodus* : Goths, Avars, Lombards ont dû abandonner leurs proies face à des marais infranchissables; Philippe Auguste y a vu ses Juifs lui passer entre les doigts, le Pape a renoncé à y traquer l'Arétin. C'est Venise que choisissent aujourd'hui encore les rôdeurs de l'Absolu, les hippies, avant la Crète et Stamboul, avant de quitter l' « immonde » Europe.

Je sortais d'un de ces petits traiteurs abrités derrière le *Danieli*, dans des ruelles perpendiculaires au quai, où se louent à la journée des chambres grandes comme des malles. Devant moi, l'enjambement du pont des Soupirs, sous lequel passait mon regard ébloui par le couchant qui, à l'ouest de Saint-Georges-Majeur, transformait l'entrée de la Giudecca en un bassin d'essence de roses.

Je vins donner du nez contre un parfum de bouc :
j'étais sous le vent de trois garçons au torse nu, rougi
par les hauts fourneaux de la vie errante; la croix d'or
au cou, bien sûr. Leur beauté était plus offensive que
la laideur. Une Walkyrie contestataire, à la chevelure
répandue sur des épaules mangées de sel, semblait les
tenir en laisse, faisant penser à quelque matriarcat de
l'âge des dolmens; leurs aisselles lançaient une odeur
de poireau, et leurs fesses, de venaison; leur sac de
couchage roulé sur la nuque, ils s'étendirent comme
des fusillés le long d'une boutique de changeur, sur
fond de pièces d'or internationales. Ils semblaient avoir
oublié l'usage des sièges, tant ils s'abandonnèrent et s'ac-
croupirent avec souplesse et naturel. Leurs doigts couleur d'iode roulèrent des cigarettes interdites; dans la
bouche du troisième, Américain, le chewing-gum ajoutait le ruminement national à une bestialité naturelle-
ment bovine. Que pouvaient contenir ces êtres : quelque
Bonaparte se trompant de siècle, un Chateaubriand
qui n'écrirait jamais, un Guatamelata sans destinée,
un Lope de Vega sans manuscrit? Se les imaginer à
quatre-vingts ans faisait froid dans le dos.

Retour du Lido, je les retrouvai, à la fin du jour, le
lendemain, assis en bouddha dans les ceintures de sau-
vetage, à l'arrière du *vaporetto;* ces jeunes avachis
ignorent la station verticale.

Nous arrivions à la hauteur des Giardini. Sur son
erre, le vapeur déchira l'eau lagunaire comme sur un
comptoir des ciseaux tranchent une pièce de soie; eau
trouble, mousseuse, battue en neige sale, vrai *cappuccino*.

Je tendis à la Walkyrie ma gourde de grappa; elle s'en saisit, triste cloche, sans dire merci.

— On peut redevenir singe ou loup en six mois, commençais-je, mais pour être un Platon, il aura fallu des millions d'années... Quant à imaginer Venise...

— *I shit on Venice* [1], répondit la Walkyrie.

— Laissez donc ça aux pigeons, Mademoiselle..., fis-je, reprenant ma gourde vide.

1969.

Venise d'automne, épouillée des touristes (sauf des hippies, bouddhas incurieux, indélogeables), avec ses monuments houssés de coton, grillagés de pluie; c'est la moins frivole. Venise de printemps, quand son pavement commence à suer et que le Campanile se reflète dans le lac de la place Saint-Marc. Venise d'hiver, celle de la *temperatura rigida*, du *congelamento*, lorsque les vigiles du feu surveillent les feux de cheminée, du haut des clochers, et que les loups descendent des Dolomites. Quant à la Venise d'été, c'est la pire...

1970.

Ce matin, ciel voilé d'octobre; un gris opalin, de la couleur des lustres anciens, si fragiles qu'on vend, pour les épousseter, des plumeaux de marabout.

1. Venise, on lui chie dessus.

1970.

Ce soir d'octobre, c'était encore l'été; la surface de l'eau n'offrait qu'une vitre brisée, toute tourmentée de remorqueurs hurlants, de transbordeurs éparpillant des nuées de mouettes posées sur les bouées, de bateaux pilotes tirant par le nez des pétroliers de haute mer, de bacs du Lido vomissant leurs autos par les deux bouts, de hors-bord, nickel, chrome, acajou, claquant une surface durcie par la vitesse; d'élégants tritons, torse nu, les conduisaient debout — conduire assis est, à Venise, une honte. Tout barattait l'eau saumâtre, la tirait à soi, ainsi qu'un drap; cette eau disparaissait sous les coques, comme dans ces régates de Guardi où l'entassement des gondoles transforme le Grand Canal en un pont de bateaux.

Même jour.

Venise... au lieu d'un séminaire de *morbidezza*, une école d'énergie; Barrès y eût pu trouver des forces en touchant, non pas la terre, mais l'eau. Venise-la-Rouge, où pas un bateau ne bougeait, au temps de Musset, n'offrait ce soir-là qu'un enfer de sirènes, de vagues fouettées, de ciel effiloché par les *jets;* tout flambait, hurlait, fumait de sueur.

Comme nous accostions devant le *Danieli*, la nuit tomba, sans arrêter cet ouragan permanent; les moustaches d'écume aux proues ne s'affaissaient qu'aux marches des pontons. Cette stridence des hors-bord gémissant à cinq mille tours, ce trafic palpitant, tout s'inscrivait en faux contre la délectation de littérateur qu'on nomme la Mort; tout semblait crier : « Assez de débris, assez de reliques, assez d'ossements, trêve de crépuscules! Assez d'entendre lamenter une ville si gaie! »

Dans un vieux décor, la vie continuait, un peu comme une pièce de Beckett jouée dans les arènes de Nîmes.

Venise redevenait ce qu'elle avait été au xvᵉ siècle, une sorte de Manhattan, de cité prédatrice, excessive, hurlante de prospérité, avec un Rialto qui était le Brooklyn Bridge de l'époque, un Grand Canal, sorte de Cinquième Avenue pour doges milliardaires; ses champs d'aviation rappelaient les arsenaux des galères commanditées par des banquiers; une cité italienne sans Italiens, comme New York sans Américains, où les Noirs, ici, étaient des Dalmates blonds, les courtiers juifs des armateurs grecs (car, autour de San Giorgio dei Greci, venus de Rhodes, de Chio, après la chute de Byzance, les Grecs furent les vrais rois de la République et ses plus fameuses courtisanes, hellènes, elles aussi).

Venise a deux faces, à travers l'Histoire : tantôt un étang, tantôt la mer libre, tantôt vendant de la léthargie aux vitrines des libraires, tantôt explosant, dans un impérialisme lointain (si dominatrice, que le Levant chrétien, las de sa férocité, avait fini par lui préférer le Turc).

On sauvera Venise; des bureaux, installés au palais Papadopoli, s'y consacrent, dirigés par des savants de tous pays : un expert en pollution par fumées, débarqué de Los Angeles, un Californien, maréographe; un spécialiste en couches terrestres souterraines, venu du Massachusetts, et un autre, Soviétique, technicien en tremblements de terre; cela s'appelle le Bureau d'études des masses maritimes et terrestres. Le sort de Venise est entre leurs mains. Le grand projet est, sur informations envoyées par ordinateurs, de fermer les trois entrées de la lagune par des écluses d'air géantes, gonflables ou dégonflables à volonté.

Les marées adriatiques, vu le rapprochement des deux rivages, sont beaucoup plus violentes et imprévisibles que celles du reste de la Méditerranée; les tempêtes y soufflent comme dans une conque. (J'ai failli faire naufrage en 1920, devant Ancône.)

Venise s'enfonce de trente centimètres par siècle; cela n'est guère plus que le reste du monde, mais Porto Marghera et Mestre, en pompant trop d'eau, ont détruit l'équilibre naturel de la lagune.

Septembre 1970.

Au palais Grassi, une passionnante exposition : l'*Histoire de la lagune vénitienne;* géologie, hydrogra-

phie, botanique, navigation, la Gondole à travers les
âges; chasse, pêche, la Lagune dans la Littérature et
l'Histoire. D'admirables cartes sur parchemin, de dix
pieds de long : celle d'Ottavio Fabri, de Sabbadino, au
XVIe; de Minorelli et de Vestri, au XVIIe. Une mosaïque
vénitienne du Déluge, datée de 589. Des xylographies
représentant l'édification d'une Venise du XIIe; aucune
machine, aucune drague, rien que le labeur des hommes;
des pieux de bois enfoncés à la main par deux ouvriers
soulevant une hie en bois; c'est vraiment la république
des castors, dont parlait Goethe.

Et quel sol! Voici des échantillons de fange, de roseaux
pour les premières claies, des lichens accrochant une
bouillie sans nom.

Parfois, je cherche à me faire saigner, en m'imaginant
que Venise meurt avant moi, qu'elle s'engloutit,
n'ayant finalement rien exprimé, sur l'eau, de sa
figure. S'enfonçant, non pas dans des abîmes, mais
de quelques pieds sous la surface; émergeraient ses
cheminées coniques, ses miradors, où les pêcheurs jet-
teraient leur ligne, son campanile, refuge des derniers
chats de Saint-Marc. Des *vaporetti* penchés sous le
poids des visiteurs sonderaient la surface où se délaie
la fange du passé; des touristes se montreraient du
doigt l'or de quelque mosaïque, entre cinq ballons de
water-polo flottants : les dômes de Saint-Marc; la Salute
servirait de bouée aux cargos au-dessus du Grand

Canal des bulles monteraient, dégagées par les hommes-
grenouilles cherchant à tâtons les bijoux des Américaines dans les coffres d'un Grand Hôtel immergé.
« Quelle prophétie a jamais détourné un peuple du
péché? » dit Jérémie.

Venise se noie; c'est peut-être ce qui pouvait lui
arriver de plus beau?

En Crète.
Candie (Héraklion).
Avril 1970.

C'est encore Venise, ici, sur la place où les lions de la fontaine Morosini versent par la gueule aux citadins d'Héraklion la neige fondue du mont Ida. C'est une Venise loin de la bora redoutée, une Venise pour la fin de l'hiver. Sur la place, les tables et les chaises de café débordent du trottoir, envahissent la chaussée; je vois passer un pope barbu sur un âne malingre, des vendeuses de journaux étrangers débarqués par l'avion de midi, des paysans âgés, encore habillés à la turque, du temps de la révolte, turban noir autour des cheveux gris, culotte bouffante, bottes en cuir de chèvre écarlate.

Venise rend à la Grèce ce qu'elle lui prit; elle protégea la Crète pendant plus de quatre siècles, surtout cette Candie, dont le siège par les Turcs dura vingt-trois ans. Ce matin, j'ai gravi les murs d'escarpe, escaladé les parapets de briques vieux rose, les fausses braies, ces avantmurs, au pied des brèches de Foscarini, d'où les terres de talus s'écroulent, emportant pêle-mêle des siècles, dans une avalanche de pierres écussonnées aux armes de la Sérénissime, de sarcophages romains et de courtines brisées par l'âge.

Le Greco a quitté à temps la ville pour Tolède, mais Candie, face à l'Islam, n'a pas déserté. Alors, la race blanche n'avait pas honte de son hégémonie, de son duc de Crète choisi par le doge adriatique; elle se riait des fureurs d'Ahmet, le grand vizir qui écorchait vif ses prisonniers. La Feuillade, Beaufort (le roi des Halles, fils naturel d'Henri IV), les contingents hanovriens ou bohémiens étaient morts, ici, pour l'Occident, ajoutant les remparts de leurs corps à ceux de San Micheli, l'ingénieur vénitien.

Devant le vieux port, à l'aube, l'eau plate d'avant la brise solaire offrait au réveil un paysage du Lorrain; rien n'y manquait, les radoubs voûtés creusés pour les anciennes galères de Venise, les créneaux du chemin de ronde à dents cassées, les demi-lunes assombries du noir des filets de pêche goudronnés, les voiles latines barrant de leur paraphe aigu un arrière-plan de barbacanes et de casemates, démantelées par les tremblements de terre. La surface d'une mer paresseuse n'était encore rayée par aucune hélice, caressée par aucune rame; seules les palmes d'un pêcheur sousmarin apparaissaient entre les brise-lames, comme la nageoire dorsale d'un monstre immergé.

Venise avait passé la main à d'autres impérialismes; le dernier, qui jette son filet d'Odessa à Mers el-Kébir,

durera-t-il plus longtemps que celui des **Carthaginois,**
des Romains, des Normands, des Byzantins, du Turc,
des Anglais? Celui des Vénitiens habite toujours la
Crète; ça sent encore le maître, ici; c'est cette « grande
présence » dont parlent les *Italienische Reise*. A croire
que Venise n'a pas été chassée d'Orient; c'est le jour
où Christophe Colomb a découvert l'Amérique que la
Sérénissime a préféré se laisser mourir; en doublant le
cap sud-africain, Vasco de Gama lui a passé le lacet fatal;
elle n'a survécu que trois siècles, ce qui est encore
beaucoup quand on pense que vingt ans auront suffi
pour que l'Angleterre ne soit plus qu'une ombre.

A midi, j'entrai au bazar ruisselant d'oranges, de
citrons crevant leurs couffins, de piments d'un rouge
et jaune espagnol, de chevreaux égorgés. Entre l'arsenal et le cimetière, les échoppes exagéraient leur droit
à la vie, allongeant leurs auvents médiévaux, qui eux-
mêmes faisaient effort pour supporter en porte à faux
de vieux moucharabiehs en sycomore gris, d'avant l'Indépendance.

Les auberges aux éventaires obèses, les cafés, au sol
rosé de crevettes épluchées à l'apéritif, réunissaient
autour d'un verre d'eau une douzaine de notables crétois; les gargotes crachaient la fumée des fritures. Des
grappes de hippies, naufragés du radeau des loisirs à
perpétuité, salivaient devant les chaudrons pleins à
déborder d'escargots aux oignons, devant les grilles
où fumaient des boulettes au citron, des *giouvarlakia*,
à côté de *mizithra*, fromages au miel, entassés en pains.

Devant la taverne *Takio*, un mini-bus anglais pareil
à une caverne préhistorique sur pneus Dunlop, rendait
l'âme; une odeur infecte de décharge publique sortait
de la portière ouverte, qui laissait voir des reliefs d'os
rongés, dans des assiettes d'aluminium posées sur des
jerricans; au plafond pendaient des espadrilles usées,
des sacs de plastique. Une odeur de porc à la sauce
vineuse avait attiré hors du véhicule un groupe nor-
dique, à la peau devenue cuir, où les lunettes noires
cherchaient à se loger dans des visages couverts de
fourrure, d'où ne sortait qu'un nez aubergine. Pour
l'hiver, les hippies avaient couvert leur torse nu d'une
veste de mouton achetée à quelque berger du mont Ida.
Je reconnus ces affamés : c'étaient mes Anglais et mon
Yankee à barbe structuraliste, rencontrés l'été dernier à
Venise. Écrasée sous le poids des loisirs, l'équipe consul-
tait ses fonds de poche, épluchait le menu en grec, tenait
conseil, prise entre le désir de manger autre chose que
des poules volées et la menace d'une arrestation, suivie
d'un rapatriement par le consulat britannique. (L'Église
orthodoxe n'a pas pour les vagabonds l'indulgence
de l'Église romaine.) Sur les ailes et au dos du mini-bus
on pouvait lire, en trois langues[1], à la peinture blanche :

LE BOURGEOIS PUE

---

1. En grec approximatif : ὁ μικρόαετος βρομχει.

— Un régulier, dis-je, vous invite à déjeuner.

De quoi servirait le grand âge si l'on ne se sentait pas plus proche d'un vagabond mangeant des spaghetti de deux drachmes, sur une assiette en carton, en plein vent crétois, que de la classique famille française attablée devant un cuissot de chevreuil braisé au porto?

Les amants de la grand-route, je les jalouse souvent; ils solidifient des rêves épars, ce que Balzac nomme : « la vie de mohican », ils me rappellent notre 1920, nos insultes à la société, notre besoin de destruction, nos défis sur papier d'affiche, à l'heure où le traité de Versailles assassinait l'Europe; ils me font revivre notre « feu à tout », « feu sur tout ». Ceux-ci, que feront-ils quand ils auront fini d'errer au bord de l'inexistence? Je les moque, je les plains, je les envie.

Je les questionnai sur leur emploi du temps :

— Nous réinventons les rapports de l'Homme et de la Terre, ce fut leur réponse.

Je m'attendais à voir surgir du mini-bus la Walkyrie britannique qui, mon grappa bu au goulot, avait vomi Venise; je revoyais, sous son bandeau de tête, ses yeux bleus d'où coulait le goudron du rimmel, ses lèvres acajou et, en bas d'un froc de Barnaby Street si long qu'il balayait les crachats, ses grands pieds craquelés de crasse, aux orteils argentés.

La bouche pleine, éructant l'ail, les pithécanthropes itinérants, ayant accepté de déjeuner, me racontèrent comment, leur compagne, ils l'avaient incinérée à l'antique, face à la mer de Libye, pas plus tard qu'à Noël, un matin où, après beaucoup de mastic, d'ouzo, de raki

et d'héroïne, elle ne s'était pas réveillée. Elle était fille
d'un pair ecclésiastique, un pair à vie... « C'est même ce
qui explique qu'elle se soit envoyée en l'air... Au fond,
elle souffrait de ne pas être fille de lord héréditaire », fit
le chauffeur du mini-bus (accent Magdalen et B.B.C.)
en grattant une chevelure graisseuse comme du poil de
caniche; « On dira ce qu'on voudra, mais le *Burke's Pee-
rage* [1], ce fut toujours son petit livre rouge... »

1. Annuaire de la noblesse anglaise, relié en toile rouge.

1971.
Trieste. Villa Perséphone.

Le train Venise-Trieste s'essouffle pendant deux heures derrière l'autoroute nouvelle, de Venise à Trieste : Jesolo, Aquilea, Monfalcone. Des gratte-ciel dans les champs de maïs, des canaux cachés dans les vignes d'où s'élèvent des osiers rougissants, des moignons de saules. L'industrie prolonge vers le nord une Venise indéfinie, montant le long de la botte péninsulaire jusqu'au haut de la cuisse, jusqu'à Trieste.

Je traverse la ville, d'où Stendhal s'enfuyait le plus souvent possible vers Venise, en « déplacement irrégulier » (ce style Bureau du Personnel, Affaires étrangères, a survécu), dès qu'il avait touché son traitement de consul sans exequatur, à peine toléré, suspect; la police autrichienne lui reprochait les audaces jacobines de l'*Histoire de la peinture*; un Stendhal commençant, en janvier 1831, une nouvelle, *Les Mésaventures d'un Juif errant*, héros dont tout l'éventaire tient dans un étui à violon, et qui, après chaque catastrophe, repart à zéro; un Stendhal sans le sou, attendant de l'administration de Louis-Philippe son traitement, pour s'acheter des chemises, s'ennuyant comme, plus tard, ici aussi, Joyce; tous les deux attendant ce grand reclassement des êtres qu'est la mort. A Trieste, comme à Milan, comme à Civitavecchia, pour Beyle c'est toujours le guignon; ironie du sort de cet éternel perdant, dont les aïeux se nommaient *Gagnon;* que gagner pour qui ira toujours à rebrousse-vie? Beyle n'a aimé que l'Italie, qui le vérola; « Embrasse la dame », disait sa mère au petit, âgé de cinq ans; la belle dame, il la mordit.

Sous la vieille poterne autrichienne de la villa, aveuglé par un vol de tourterelles apprivoisées, j'arrive jusqu'à la maison de mes deux cousines par alliance, à travers un parc désuet, accroché sur un éperon où des arbres déprimés montent chercher l'air, les uns par-dessus les autres, assaillis de tous côtés par des immeubles à vingt étages qui profitent de l'absence de feuillage pour venir voir, entre les branches dépouillées, ce qui se passe chez le voisin. C'est le décor d'un roman de Boylesve ou de Mathilde Serao. Quinconces de platanes rhumatisants, aux cicatrices anciennes bouchées au ciment; la mer, au fond; là-dessous, la ville invisible gronde, gémit, murmure tout autour, attendant l'heure de dévorer ce vieux quartier qui fait honte à ses gratte-ciel.

Coupée de deux bassins étagés, accompagnée de buis taillés en boule, l'allée continue à monter vers le perron et vers la véranda, jusqu'à la demeure Marie-Thérèse, au fronton surmonté de quelque Vertumne rongée de lichens et flanquée de tours en faux gothique, du temps de l'empereur François-Joseph, noble résidence où la fumée du mazout jette son crêpe sur le soleil du matin.

Je retrouve mes recluses, revenant de leur potager, avec des poireaux dans leur panier, tenant entre deux doigts les premiers sabots de Vénus, rapportés de cette serre d'orchidées, leur dernier luxe. A table, dans la salle à manger immense, où noircit une argenterie viennoise, témoin de banquets défunts, du haut de son cadre, la grand-mère maternelle d'Hélène, au cou un boa de tulle gris, les cheveux courts, très frisés, à la mode 1875 de la tsarine Maria Feodorovna et de sa sœur la reine Alexandra d'Angleterre, surveille le rituel du *dîner* de midi (avec potage), et du *souper* de six heures trente, le soir.

C'est une étrange poche de civilisation que Trieste, cité dissimulée, population muette, réticente, peureuse, encore parfumée d'autrefois, survivant comme une exception, l'oreille basse, embarrassée de sa latinité en face des Esclavons blonds, nouveaux conquérants de la rive d'en face.

Mes cousines rattachent chaque considération de politique générale aux nouvelles d'un membre de la famille dispersée entre le Canada et Bombay, de ce qu'en ont laissé, après la tourmente, les dictatures de droite ou de gauche.

— Les Trautt... tu sais bien : fusillés par les nazis et jetés dans la fosse commune...

— Calliroe vient d'être expulsée d'Alexandrie, six heures de préavis...

— ... Les Mémoires d'Aristide viennent d'être interdits à Athènes...

— L'oncle André est mort à Vienne pendant la guerre, mais quelle belle mort : il entendait *Tristan* pour la nonantième fois!

— Dimitri est encore aux travaux forcés sur le Danube... Il a pu identifier sa fille, à la Libération, grâce au bracelet qu'elle portait au bras.

Le menu du jour, c'est un poulet frit à la triestine, qui rappelle un peu la façon américaine de Virginie, apporté avec cérémonie par la vieille servante dalmate qui, en 1944, a choisi d'être italienne, pour ne pas devenir yougoslave. Venise, pour Trieste, c'est l'extrême sud de la civilisation.

— Martha Modl, dans *Parsifal*, ça, c'était quelque chose!

— Karajan n'est plus celui d'il y a vingt ans...

— L'influence émolliente de cette Française...

— Sa *Walkyrie*, quel massacre!

— Bertha passera l'été chez Irène...

— Sophie est à Rome...

— Athénaïs attend son second, à Salzbourg...

— Et Hilde le sien, pour février, à Marseille...

Ma chambre est prête; aux murs, un calorifère à air chaud d'il y a un siècle crache une colonne noire jusqu'au plafond, où le stuc vénitien de l'âge baroque se surcharge de coquilles viennoises Second Empire. Sur ma veilleuse, la tisane; les chères cousines se sont

longuement consultées, en m'attendant : « A son dernier séjour, était-ce de la camomille ou de la verveine? »
« Mais non, j'y pense : de la fleur d'oranger! Où ai-je la
tête! »

Demain matin, nous irons au cimetière orthodoxe,
comme je l'ai demandé.

L'indépendance hellénique, il y a cent cinquante
ans, avait soudain fait essaimer les Grecs; les uns
avaient repris les chemins de l'Antiquité vers la mer
Noire et ses comptoirs à blé, de Galatz aux embou-
chures du Danube, jusqu'à Odessa; les autres, lon-
geant le rivage de la Méditerranée, à tâtons, comme
un aveugle le trottoir, avaient de proche en proche
atteint Trieste ou Marseille; plus tard, ils iraient
jusqu'à Bombay, Londres, New York. Les E... avaient
vécu à Trieste, dans leurs jardins du Promontoire, ou
dans cette résidence de la place de la Gare, carrée et
massive comme un palais génois. Aujourd'hui, il ne leur
reste plus que cette villa, qui a bien du mal à survivre
aux malheurs de l'Italie actuelle. On y parle un français parfait, l'allemand avec l'accent autrichien et
pour le reste, le triestin dalmate. « Au printemps 1945,
le maréchal Alexander aurait pu débarquer, disent les
Triestins, refouler les partisans croates, nous éviter
quarante jours de déportations, de pillage, d'assassi-
nats; pour barrer la route à Tito qui voulait toute la
Vénétie julienne jusqu'à l'Isonzo, mettant l'Occident
" devant le fait accompli ", il ne fallut pas moins que
trois mois de négociations, à Belgrade et à Londres. Ces
experts, leurs zones A et B, quelle fragilité! Trieste dut

baisser la tête pour éviter le grand coup d'épervier que les Slaves voulaient jeter sur elle. »

1971.
Un cimetière à Trieste.

Quel sera le sort des âmes dans ces divers cimetières qui divisent les morts, comme les religions ont séparé les vivants? Ils s'étagent sur la colline, dans une diversité qui est le dernier luxe de l'Occident : nécropoles italienne, anglaise, russe, juive, orthodoxe, grecque; tous soignés, fleuris, épluchés d'herbes folles, sous les yeuses stylisées comme des draperies, ténèbres au soleil; des jardins d'archiduc.

Cette colline des Morts, devant la dernière vallée industrielle d'Italie, élève ses cyprès, ses marbres froids au-dessus des hauts fourneaux; la dominent des montagnes sévères, plus pelées que le Sinaï, entourant Trieste comme un bol de terre cuite par le soleil, séchée par la terrible bora du nord. C'est le même décor que celui qui frappait Stendhal arrivant de Venise : les premiers versants du Carso, le blanc hémicycle calcaire, se continuent au sud par la côte d'Istrie. De Trieste, Stendhal écrit : « Je touche ici à la barbarie. »

J'ose m'aligner derrière lui.

La frontière italo-yougoslave sépare deux mondes; en face, c'est l'Asie, c'est le sol étatisé qui boit l'individu comme la plaine suce le sable. Trieste est cerné,

comme l'est notre petit monde, comme Berlin, comme
Israël, comme Madrid, comme l'Occident; la marée
montante n'attaque pas de front, elle passe au rivage
des milliards de nœuds coulants, toujours de biais dans
son progrès; le flux de la mer slave, poussée elle-même,
par l'océan mongol, prend son temps, croirait-on; qui
s'aperçoit qu'il avance au galop?

Un statut indécis, une trêve d'un quart de siècle
qui n'est pas la paix, c'est Trieste, sorte de pendu
oublié au haut de l'ogive adriatique, dans une déré-
liction poignante, dans un interminable hiver diplomatique; à travers un mur aveugle, quelques guichets pour
les étrangers, comme la sinistre route qui conduit à
Ljubljana, l'entrée touristique du rideau de fer. Que
veut Tito? Qui viendra après lui? Et si les Russes se
fâchaient, si les tanks de Prague..., se demande Trieste.

Les miens reposent en France, à plus de mille kilomètres d'ici, dans la paix sans frontières, sous une
pierre tombale presque muette (mon père le voulut
ainsi) à Yerres, où mes arrière-grands-parents avaient
acquis un petit bien national, taillé dans le domaine
des Camaldules; comme il n'y avait plus de place,
là-bas, dans le caveau de famille où j'aurais voulu
dormir, j'ai accepté l'asile que m'offrent mes cousines
par alliance, dans le mausolée des E...; il date de François-Joseph, quand Trieste était la porte autrichienne
sur l'Adriatique, quand Trieste vivait encore.

C'est une noble pyramide de pierre, haute de six
mètres, un morceau d'éloquence tout italienne, où un
ange deux fois plus grand que la mesure humaine

entrouvre sur l'après-vie une porte de marbre noir, épaisse comme celle d'un coffre-fort, vide.

On est loin du décor funèbre des grandes capitales, de la cohue des pierres tombales, des monuments en rangs serrés, de la fréquentation d'ennemis ou d'inconnus. Champ de repos si vert, au milieu du désert des vivants. Blonds ou bruns, nordiques ou latins, orthodoxes ou non, qu'importera, là-dessous?

Là, j'irai gésir, après ce long accident que fut ma vie. Ma cendre, sous ce sol; une inscription en grec en témoignera; je serai veillé par cette foi orthodoxe vers quoi Venise m'a conduit, une religion par bonheur immobile, qui parle encore le premier langage des Évangiles.

FIN

FIN

DU MÊME AUTEUR

UN LÉSINEUR BIENFAISANT (M. de Montyon), discours.

POÈMES : LAMPES À ARC — FEUILLES DE TEMPÉRA-
TURE — VINGT-CINQ POÈMES SANS OISEAUX —
U.S.A.

LES ÉCARTS AMOUREUX, nouvelles.

LE FLAGELLANT DE SÉVILLE, roman (*collection Folio*).

LES EXTRAVAGANTS, roman.

Ouvrage reproduit
par procédé photomécanique.
Impression S.E.P.C.
à Saint-Amand (Cher), le 12 avril 1990.
Dépôt légal : avril 1990.
Premier dépôt légal : octobre 1983.
Numéro d'imprimeur : 924.

ISBN 2-07-024559-4. / Imprimé en France.

49355